나는 더 영어답게 말하고 싶다

장승진, 프랙티쿠스 연구팀 저

구동사편

나는 더 영어답게 말하고 싶다 _ 구동사 편

초판 1쇄 | 인쇄 2016년 12월 1일
초판 2쇄 | 발행 2020년 7월 15일

지은이 | 장승진, 프랙티쿠스 연구팀
펴낸이 | 장승진
펴낸곳 | ㈜프랙티쿠스

주소 | 서울시 서초구 나루터로 59 라성빌딩 4층
전화 | 02)6203-7774 팩스 | 02)6280-0021
홈페이지 | www.practicus.co.kr
이메일 | help@practicus.co.kr
출판신고 | 2010년 7월 21일 제 2010-47호

© 장승진

▶ 저자와 출판사의 허락 없이는 이 책의 전부 또는 일부 내용을 어떠한 형태나
  수단으로도 이용하지 못합니다.
▶ 잘못 만들어진 책은 구입처에서 바꿔 드립니다.

ISBN 978-89-6893-027-0

값 9,000 원

나는 더 영어답게 말하고 싶다

장승진, 프랙티쿠스 연구팀 저

구동사편

머리말

〈나는 더 영어답게 말하고 싶다〉 시리즈의 네 번째, 구동사 편을 출간합니다. 먼저 나온 세 권의 책을 구입해 주신 분들께 감사 말씀을 전합니다.

영어로 내 생각을 말하다 보면 우리말만 떠오르고 영어 표현이 생각나지 않을 때가 많습니다. 어렵게 내 뜻을 전달하고 나면, 내게는 아주 어려웠던 말을 아주 쉽게 표현하는 원어민을 보게 됩니다. 그럴 때면 영어 공부가 정말 어렵다는 좌절감이 생기기도 하죠. 그런데 쉽게 말하는 원어민의 표현 속에 구동사가 빈번히 활용됨을 깨달을 때가 많습니다. 구동사란 동사 뒤에 down, up, in, out, off, away 등을 붙여 특정한 의미를 표현하는 동사의 덩어리라고 생각하면 됩니다. '포기하다'라는 뜻으로 우리에게 익숙한 give up이 가장 쉬운 예죠.

원어민들은 구동사를 활용하여 쉽고 간결하게 표현하기를 좋아하므로, 구동사를 잘 활용할 줄 알면 그만큼 영어다운 영어에 더 가까이 다가가게 된다고 생각할 수 있습니다. 표현력이 발전하는 것은 물론이지요.

빈번히 쓰이는 만큼 구동사의 수는 매우 많습니다. 이 책에서는 너무 쉬운 구동사는 제외하고, 쓰임이 많고 알아두면 좋을 것들을 추려 모두 251개를 설명하고 있습니다. 이번 책도 중급 혹은 그 이상 수준의 영어 실력을 지니신 분, 영어를 시험 과목으로 접하기보다 원어민과 실제로 의사소통할 기회가 많은 분들을 위해 준비했습니다.

이 책에서 다룬 표현을 그냥 읽고 이해하는 데 그치지 말고, 반드시 활용해 보실 것을 권합니다. 〈나는 더 영어답게 말하고 싶다 구동사 편〉이 독자들의 표현력 향상에 많은 도움을 드리면 좋겠습니다. 감사합니다.

장승진

목 차

일상생활 11

건강, 질환	12
음식, 식사	16
잠	22
옷	26
청소, 세척	30
사교, 인간관계	34
연애	38
날씨	42
운전, 교통	46
전화	50
quick quiz 1	54

일, 경제활동 59

업무, 노력	60
성공, 실패	70
직장, 커리어	76
돈, 경제, 거래	80
기업, 비즈니스	86
컴퓨터, 장비	92
quick quiz 2	96

학습, 학교생활 101

학습	102
학교생활	106

생각, 언어 — 111

생각, 판단	112
문제, 해결	116
동의, 반대, 비판	122
설명, 주장, 논의	128
quick quiz 3	134

감정 — 139

안정, 만족	140
흥분, 불만족	144
의존	148

현상 — 151

발생, 시작	152
지속, 강화	156
변화, 소멸	158
원인, 결과	162
quick quiz 4	164

행동 — 169

중단, 계속	170
이동, 움직임	174
저항, 극복	180
무시, 취소	184
휴식	188
선택	190
quick quiz 5	192

이 책의 구성

카테고리
크게 7개의 카테고리로 나눴습니다.

down, up, in, out, off, away 등 구동사를 구성하는 요소에 따라 나누지 않고, 생각, 감정, 행동, 현상 등 우리의 언어생활에 맞춰 카테고리를 정했습니다.

음식, 식사

007

예문
본 책의 예문은 모두 원어민이 작성하거나 감수했습니다.

구동사의 의미가 잘 드러나면서 실생활에서 쓸 수 있는 실용성 높은 예문들로 골랐습니다.

007

A I've had a rough day.
B Let's **dine out**, then.

A 오늘 정말 힘들었어. 저녁 차
B 그럼 나가서 먹자. 내가 쏠

Okay vs. 구동사
구동사를 활용하지 않은 문장과 구동사로 표현한 문장을 대비하여 그 차이를 파악할 수 있도록 꾸몄습니다.

구동사 없이 표현할 수도 있지만, 궁극적으로 구동사 표현에 익숙해지는 것이 목표입니다.

정말 힘들었어.
그럼 나가서 먹자. 내가 쏠,

SITUATION 외식 한다고 할 때
Okay Let's eat at a restau
구동사 Let's **dine out**.

'는다는 뜻을 지닌 동사에 out을
dinner와 어원이 같죠.

설명

해당 구동사의 특성과 쓰임을 상세히 설명하는 부분입니다.

왜 그런 의미를 지니게 되었고 어떻게 활용하면 좋을지 최대한 지루하지 않고 간결하게 설명하고자 노력했습니다.

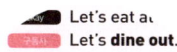

먹는다는 뜻을 지닌 동사에 out을 붙여 뜻하는 dinner와 어원이 같죠. 그래서 쉽게 eat out이라고 해도 같은 뜻이죠. 고 말하면 됩니다.

Also Good to Know

본문에서 다루고 있는 내용에 더해서 알아두면 좋을 내용을 Also Good to Know 파트에 담았습니다.

I spaced out during his
그의 강의를 듣는 동안 멍하니

Quick Quiz

중간 중간 풀어볼 수 있는 객관식 문제들을 담고 있습니다.

어려운 문제는 아니니, 가벼운 마음으로 풀면서 복습하는 계기가 되기를 바랍니다.

QUICK QUIZ 5

일상생활

건강, 질환
음식, 식사
잠
옷
청소, 세척
사교, 인간관계
연애
날씨
운전, 교통
전화
Quick Quiz 1

건강, 질환

001

A Sally can't come to work today. She **came down with a cold**.
B Yeah, the weather became really chilly all of a sudden. I hope she gets better soon.

A 샐리는 오늘 출근을 못 할 거예요. 감기에 걸렸답니다.
B 그러게. 날씨가 갑자기 아주 쌀쌀해졌어. 빨리 나았으면 좋겠네.

SITUATION 감기에 걸렸다고 할 때
- **Okay** She caught a cold.
- **구동사** She **came down with** a cold.

come down with는 어떤 질환으로 몸이 안 좋다고 할 때 많이 쓰이는 구동사입니다. 위 예문처럼 감기로 몸이 안 좋다고 할 때 come down with a cold라고 할 수 있는데, 독감, 즉 인플루엔자를 의미하는 flu를 활용해서 come down with flu라고 말하기도 합니다.

002

A My face started **breaking out** after I had chicken and beer.
B But the food was so good. I bet it was worth it.

A 치킨하고 맥주를 먹었더니 얼굴에 뭐가 나네.
B 그래도 음식이 맛있었잖아. 그만한 가치가 있을 거야.

SITUATION 얼굴에 뭐가 난다고 할 때
- **Okay** My face started to get acne after I ate too much chocolate.
- **구동사** My face started **breaking out** after I ate too much chocolate.

break out도 여러 뜻을 지닙니다. 여드름이 나는 것을 break out이라고 말하기도 하죠. 우리말로 '뭐가 난다'라고 말하는 것과 비슷합니다. 여드름은 영어로 pimple, acne이지만, 그냥 break out이라고만 해도 피부에 관한 문맥에서는 '피부 트러블이 생긴다', '피부에 뭐가 난다'는 말이 되죠.

003

A My stomach is **acting up**. I need to go to the bathroom.
B Maybe it was that burrito we had earlier. I feel a bit queasy, too.

A 속이 부글거리네. 화장실에 가야겠어.
B 아까 먹은 부리또 때문인가보다. 나도 속이 좀 메스꺼운데.

SITUATION 속이 불편하다고 할 때
- Okay: My stomach is having problems.
- 구동사: My stomach is **acting up**.

act up은 우리말 '속이 부글거린다', '속이 불편하다'를 표현할 때 유용합니다. act가 행동을 한다는 뜻이므로 act up은 좀 요란하게 행동한다는 뜻 정도 되죠. 어떤 증상이 급작스럽게 나타나는 경우에 활용할 수 있습니다.

건강, 질환

004

A My allergies seem to **flare up** when I walk through the garden.
B Hmm. I wonder what it is.

A 정원을 산책하고 나니 알레르기가 확 올라오는 것 같아.
B 흠. 뭣 때문인지 궁금하네.

> **SITUATION** 증세가 심해진다고 할 때
>
> **Okay** My allergies became worse after I walked through the garden.
>
> **구동사** My allergies **flared up** after I walked through the garden.

flare는 원래 불길이 확 타오른다는 뜻인데, 알레르기와 같은 어떤 질환이 갑자기 심해지는 것을 표현하는 말로도 쓰입니다. His anger flared up.처럼 분노가 치솟는다고 하거나 The argument flared up.처럼 논쟁이 격해진다고 할 때도 활용할 수 있습니다.

005

A Teddy has the stomach flu. He keeps **throwing up**.
B Here. Give him this medicine. It works wonders.

A 테디가 위장성 감기에 걸렸어. 계속 토하네.
B 자. 이 약을 줘봐. 효과가 아주 좋아.

> **SITUATION** 토한다고 할 때
>
> **Okay** My baby keeps vomiting.
>
> **구동사** My baby keeps **throwing up**.

'토하다'라는 뜻을 지닌 단어가 vomit입니다. 그런데 일상 회화에서는 throw up이라는 표현도 많이 씁니다. 구동사는 개별 단어의 뜻을 합하면 쉽게 이해되는 것도 있고 그 뜻이 바로 연상되지 않는 것도 있죠. throw up은 뜻을 유추해 내기가 그리 어렵지 않은 표현이죠.

006

A I don't remember anything after I **blacked out** last night.
B Oh man, how much did you drink?

A 어제 밤에 필름이 끊기고 기억이 안 나.
B 세상에. 도대체 얼마나 마신거야?

SITUATION 의식을 잃는다고 할 때
`Okay` He went unconscious after being hit by the ball.
`구동사` He **blacked out** after being hit by the ball.

out은 뭔가가 끊기거나 사라진 상황을 표현하기에 적절한 단어입니다. The power is out.이라고 하면 전원이 나갔다는 뜻이죠. 영화에서 '나는 총알이 다 떨어졌어'를 I'm out.이라고 간단히 표현하는 것을 볼 수 있습니다. black out은 말 그대로 검게 변하고 정신이 사라지는 상태, 즉 실신한 상태를 말합니다.

It was so hot that he felt like he was going to pass out.
날이 너무 더워서 그는 거의 기절할 지경이었다.

pass out은 위에서 설명한 black out과 비슷하게 의식을 잃거나 기절한다는 뜻입니다. 한 단어로 faint라고 할 수도 있죠.

음식, 식사

007

A I've had a rough day. I don't feel like making dinner.
B Let's **dine out**, then. It'll be my treat.

A 오늘 정말 힘들었어. 저녁 차리고 싶지 않은데.
B 그럼 나가서 먹자. 내가 쏠게.

SITUATION 외식 한다고 할 때
- **Okay** Let's eat at a restaurant.
- **구동사** Let's **dine out**.

먹는다는 뜻을 지닌 동사에 out을 붙이면 외식을 한다는 의미가 됩니다. dine은 저녁을 뜻하는 dinner와 어원이 같죠. 그래서 dine out이라고 하면 외식을 한다는 말입니다. 더 쉽게 eat out이라고 해도 같은 뜻이죠. '외식하지 말고 집에서 먹자'는 Let's eat in.이라고 말하면 됩니다.

008

A Everything looks so delicious that I want to start **digging in** now!
B Go ahead. There'll still be plenty for the rest of the guests when they arrive.

A 다 맛있어 보이는데 그냥 지금 먹기 시작하면 안 될까?
B 그렇게 해. 나중에 오는 손님들이 드실 음식도 많이 있으니까.

SITUATION 음식을 먹기 시작한다고 할 때
- **Okay** Start eating whenever.
- **구동사** Start **digging in** whenever.

dig는 땅을 판다는 뜻이지만, dig in은 땅을 판다는 의미와는 상관 없이 음식을 먹기 시작한다는 말도 됩니다. 마치 땅을 파듯이 접시 위에 놓인 음식을 파 들어가기 시작한다는 뜻에서 dig를 활용했다고 생각할 수 있죠. 우리는 땅을 파는 모습과 음식을 뜨는 것을 연결시키지 않기 때문에 dig in

이 '먹다'라는 뜻을 지닌다는 점이 낯설게 느껴질 수도 있지만 전혀 연상이 불가능하지는 않습니다. 구동사에서 동사를 선택하는 방식이 우리말의 발상과는 다른 경우가 많으므로 우리말 발상을 버리고 영어 동사 의미 그대로 생각해 보면 이해에 도움이 되는 경우가 많습니다.

009

A I like to **feast on** tofu. It tastes good, and it's good for you.
B Tofu is not that great.

A 두부 많이 먹고 싶다. 맛도 좋고, 너한테도 좋을 거야.
B 두부는 별로야.

SITUATION 어떤 음식을 많이 먹는다고 할 때
`Okay` I ate a large amount of beef at the buffet.
`구동사` I **feasted on** beef at the buffet.

feast는 만찬을 의미하죠. feast on이라고 하면 만찬을 하듯 어떤 음식을 충분히 잘 먹는 것을 의미합니다. 구동사 표현의 또 다른 특성 중 하나는 동사 부분을 교체해서 조금씩 다른 뉘앙스를 표현할 수 있다는 점입니다. feast on은 연회에서 먹듯이 충분히 먹는다는 뜻이고, snack on은 스낵을 군것질하듯 먹는다는 뜻입니다. 비슷하게 nibble on이라고 하면 nibble이 야금야금 먹는다는 뜻이므로 음식을 조금씩 야금야금 씹어 먹는 모양을 묘사합니다.

음식, 식사

010

A This steak is delicious. How did it get so marbled?
B The cows on that farm **feed on** grain instead of grass, which makes them fatter.

A 이 스테이크 맛있네. 어떻게 이렇게 마블링이 좋을 수가 있지?
B 풀이 아니라 곡물을 먹고 자란 소라서 더 살이 많대.

> **SITUATION** 어떤 음식을 주식으로 한다고 할 때
> **Okay** As a poor college student, I eat hamburgers.
> **구동사** As a poor college student, I **feed on** hamburgers.

feed on은 어떤 것을 주식으로 먹는다는 뜻입니다. 앞서 설명한 snack on, feast on, nibble on 등과 비슷한 구성이라고 생각하면 됩니다. feed 대신 live를 써서 live on이라고 해도 '~을 먹고 산다'는 말이 되죠.

011

A Shall we have a snack before dinner?
B No. Let's use this time to shop some more, then **pig out** at the buffet.

A 저녁 식사 전에 간식 좀 먹을까?
B 아냐. 지금은 쇼핑을 좀 더 하고 뷔페 가서 왕창 먹자고.

> **SITUATION** 음식을 많이 먹는다고 할 때
> **Okay** I skip lunch before I go to a buffet and eat a lot.
> **구동사** I skip lunch before I go to a buffet and **pig out**.

명사에 구동사를 만드는 기본 요소 in, out, off 등을 붙여 만들어진 구동사도 많습니다. 여기 나오는 pig out도 그런 예인데요, 마치 돼지처럼 많은 음식을 먹어 치우는 모습을 pig out이라고 표현할 수 있습니다.

012

A My kids only eat their broccoli when I threaten to **force it down** their throats.
B I'm glad it works, but surely there's a gentler way to persuade them.

A 우리 애들은 억지로 삼키게 만들거라고 해야 브로콜리를 먹는다니까.
B 먹는다니 다행이긴 한데, 좀 더 부드럽게 설득하는 법이 있지 않을까?

> **SITUATION** 음식을 억지로 삼킨다고 할 때
> **Okay** My father made me swallow the broccoli even when I didn't want it.
> **구동사** My father made me **force down** broccoli.

앞서 설명한 대로 구동사를 만들 때 동사 부분을 바꿔 다양한 의미를 표현할 수 있죠. 예를 들어 음식을 목구멍으로 넘기는 경우 gulp down이라는 표현을 쓸 수 있습니다. gulp가 '꿀꺽'하는 소리를 묘사하는 단어이므로 꿀꺽꿀꺽 소리를 내며 음식을 목구멍 아래로(down) 넘기는 모습을 gulp down이라고 하는 겁니다. 그런데 gulp 대신 wolf를 활용하여 마치 굶주린 늑대가 음식을 허겁지겁 삼키는 듯한 모습을 표현할 수도 있습니다. 만일 강제로 음식을 삼킨다면 force down이라고 할 수 있죠. force down ~라고 하면 먹기 싫은 음식을 억지로 먹게 만든다는 뜻이 됩니다.

음식, 식사

013

A I love Bulgogi. I just **gobbled** it all **up**.
B Okay. I'll be sure to make more next time!

A 불고기 너무 좋아요. 허겁지겁 다 먹어 치웠어요.
B 알았어. 다음에 더 만들어 줄게.

> **SITUATION** 허겁지겁 먹는다고 할 때
> **Okay** I love chicken so much that I just devoured it.
> **구동사** I love chicken so much that I just **gobbled it up**.

여기서 up은 '완결'을 뜻합니다. 음식을 완전히 먹어 없애는 경우 가장 일반적인 표현은 eat up인데, 앞서 설명한 요령대로 동사 부분을 바꿔 더 다양하게 표현할 수 있는 거죠. gobble이 허겁지겁 음식을 먹을 때 나는 소리를 묘사하는 단어이므로 gobble up은 음식을 허겁지겁 먹어 치운다는 뜻이 됩니다. 음식을 다 먹어 버렸다는 의미를 강조하려면 finish up이라고 하면 되고, 액체를 마셔 버리는 경우라면 drink up이라고 할 수 있습니다.

014

A Do you see that woman at the bar **sipping at** her cocktail?
B Yes, it looks like she's waiting for a handsome man to approach her.

A 저기 바에서 칵테일을 홀짝거리고 있는 여자 보이니?
B 응. 잘생긴 남자가 다가오기를 기다리고 있는 것 같은데.

> **SITUATION** 홀짝거리며 마신다고 할 때
> **Okay** At the bar, I saw a woman slowly drinking her cocktail.
> **구동사** At the bar, I saw a woman **sipping at** her cocktail.

sip at은 액체를 홀짝홀짝 마시는 모습을 표현하는 구동사인데 at을 빼고 sip이라고만 말하기도

합니다. 원래 sip이 액체를 '홀짝' 마시는 모습을 표현하죠. 단어의 소리에서 뜻을 연상할 수 있습니다.

015

A That bar is famous for cheap drinks.
B Last time I went there, my whisky was **watered down**. You get what you pay for!

A 저 술집은 저렴한 걸로 유명해.
B 지난번에 갔을 때 위스키에 물을 탔더라고. 다 제 값이 있는 법이야.

SITUATION 물로 희석한다고 할 때
- Okay: The whisky was too diluted.
- 구동사: The whisky was too **watered down**.

물을 섞어 희석시킨다고 할 때 water down이라고 말할 수 있습니다. 특히 술에 물을 타서 약하게 만드는 것을 water down이라고 하는데, 비유적으로 어떤 것의 강도가 약해졌다고 할 때도 water down을 활용할 수 있죠. 예를 들어 영화에서 폭력적이거나 선정적인 장면을 편집해 내는 경우에도 영화를 water down한다고 말할 수 있습니다.

잠

016

A I went out drinking last night, so I **slept in** this morning and was late for class.
B If you hadn't drunk so much, maybe you would've woken up earlier.

A 어제 술을 마셔서 오늘 늦잠 자느라 수업에 늦었어.
B 많이 안 마셨더라면 일찍 일어날 수 있었을 텐데.

> **SITUATION** 늦잠을 잔다고 할 때
> **Okay** I'm going to wake up later tomorrow. It's Saturday.
> **구동사** I'm going to **sleep in** tomorrow because it's Saturday.

sleep in은 늦잠을 잔다는 뜻입니다. oversleep이라고 해도 늦잠을 잔다는 뜻이지만 구동사 sleep in을 활용할 수도 있습니다.

017

A I have to **stay up** all night to finish my project.
B That's why I told you not to procrastinate.

A 밤을 새워서 프로젝트를 끝내야 해.
B 그렇게 미루지 말라고 했잖아.

> **SITUATION** 밤을 새운다고 할 때
> **Okay** I had to stay awake all night to finish my homework.
> **구동사** I had to **stay up** all night to finish my homework.

up이 잠들지 않고 깨어 있는 모습을 표현하므로 stay up은 '늦게까지 안 잔다'는 뜻이 됩니다. 역시 동사 부분을 바꾸는 요령을 활용하여 sit up이라고 해도 늦게까지 안 자고 뭔가를 한다는 말이 되죠. 문형을 바꿔 The noise kept me up all night.처럼 말하면, 소음 때문에 밤새 잠을 못 잤다는 말이 됩니다.

018

A This class is so boring. It's hard to stay awake.
B I know. Every time the teacher starts to talk, I **doze off**.

A 이 수업 진짜 졸리다. 깨어 있기가 힘들어.
B 그러게. 선생님이 입을 열면 졸게 돼.

> **SITUATION** 꾸벅꾸벅 존다고 할 때
> **Okay** I keep falling asleep in the class.
> **구동사** I keep **dozing off** in the class.

doze가 잠깐 잠이 들거나 존다는 뜻인데, 보통 off를 붙여 doze off라고 하면 잠깐 조는 것을 말합니다. 고개를 끄덕인다는 뜻을 지닌 nod를 활용하여 nod off라고 해도 '고개를 끄덕이며 졸다'라는 말이 되죠. 예를 들어 '수업 시간 내내 졸았다'는 다음과 같이 말할 수 있습니다. I kept nodding off during the class.

I **spaced out** during his lecture.
그의 강의를 듣는 동안 멍하니 있기만 했어.

자는 모습을 묘사하지는 않지만 같이 알아둘 만한 표현이 space out입니다. 우리말 '멍때리다'와 유사한 말이죠. 아무 생각 없이 멍하니 있는 모습을 가리킵니다. space가 빈 공간을 가리키므로 마치 머릿속이 빈 것 같은 상태라는 의미라고 이해하면 됩니다.

잠

019

A Mom, is it okay for me to **sleep over** at my friend's place today?
B Yes, just make sure you do your homework and don't stay up too late.

A 엄마, 오늘 친구 집에서 자고 와도 돼요?
B 응, 근데 먼저 숙제는 해야 되고 너무 늦게 자서는 안 된다.

SITUATION 다른 사람의 집에서 자고 온다고 할 때
- **Okay** Is it okay for me to stay the night at my friend's place?
- **구동사** Is it okay for me to **sleep over** at my friend's place?

sleep over는 자기 집이 아닌 다른 사람의 집에서 잠을 잔다는 뜻입니다. 원래 over는 위치를 바꾸거나 이동한다는 뜻을 지니죠. 그래서 I'm going to invite her over.라고 하면 그녀를 우리 집으로 초대한다는 말이 됩니다. '그걸 나한테 넘겨라'라고 말할 때 쓰는 Hand it over to me.의 over도 마찬가지죠. sleep over의 over도 같은 뜻이라고 생각하면 됩니다.

020

A I'm so drunk from all the alcohol we had today.
B I think you should go home and **sleep it off** before you hurt yourself.

A 오늘 마신 술 때문에 진짜 취한다.
B 집에 가서 술이 깰 때까지 푹 자야 할 것 같다. 괜히 몸 망치지 말고.

SITUATION 잠을 자서 어떤 느낌을 없앤다고 할 때
- **Okay** I'm going to go home and recover from my hangover through sleep.
- **구동사** I'm going to go home and **sleep off** my hangover.

구동사를 만들 때 붙이는 off는 동사의 뜻을 강조하기도 하고, '소멸', '이탈', '탈락'을 의미하기도 합니다. sleep something off라고 하면 잠을 자서 어떤 것을 없애 버리는 것을 말하죠. 예를 들어 잠을 자서 피곤을 없애거나 고민을 더는 경우 활용할 수 있습니다. sleep만이 아닙니다. '동사 + something + off' 형태의 구동사는 뭔가를 사라지게 만드는 동작을 표현할 수 있죠. 예를 들어 walk off my headache는 산책을 해서 두통을 없앤다는 뜻이고, walk off my anger는 걸어 다녀서 화를 삭인다는 말입니다.

021

A Have you been able to sleep at all since your recent breakup?
B No matter how much I try to **sleep away** the depression, I can't feel happy anymore.

A 최근에 여자친구하고 헤어진 후에 잠은 잘 자냐?
B 잠을 푹 자서 우울한 기분을 쫓아 버리려고 아무리 노력을 해도 영 기분이 좋아지지가 않아.

SITUATION 잠을 자서 어떤 기분을 없앤다고 할 때

- Okay: I tried hard to subdue my sadness through sleep.
- 구동사: I tried hard to **sleep away** the sadness.

앞서 설명한 sleep off와 쓰임이 매우 유사한 구동사입니다. 예를 들어 고통이 사라지게 만든다면 take away the pain처럼 말할 수 있죠. 만일 잠을 통해 고통을 없앤다면 sleep away라고 표현하면 됩니다. away가 멀리 떨어진 모양을 묘사하므로, 고통이나 어떤 기분이 사라지는 것을 표현할 때도 활용할 수 있습니다.

옷

022

A Why don't you **try on** the jacket to see if it fits?
B No, thanks. I'm sure it'd fit, but it's a bit too expensive for me.

A 자켓 잘 맞는지 한번 입어보지 그래.
B 아냐 괜찮아. 잘 맞을 거 같긴 한데, 나한텐 좀 비싸네.

> **SITUATION** 옷을 입어 본다고 할 때
> **Okay** Why don't you try wearing the jacket?
> **구동사** Why don't you **try on** the jacket?

try가 어떤 일을 시도해 본다는 뜻이므로 try on은 옷을 입어본다는 말이 됩니다. 역시 다른 구동사의 활용법처럼 on을 기본으로 하고 동사를 바꿔 어떻게 입는지를 표현할 수 있죠. 잽싸게 휙 입는 경우 마치 몸을 옷에 던져 넣는 듯하다는 의미에서 throw on이라고 하면 되고, 옷 안으로 미끄러져 들어가듯 입는 경우에는 slip on이라고 표현하면 됩니다.

023

A Did you accept the invitation to the event?
B Yes. I heard that since it's quite informal, guests are allowed to **dress down** for the event.

A 그 행사 초대에 응하기로 했니?
B 응. 별로 격식을 차리지 않는 자리라서 게스트들이 편하게 입고 가도 된다고 하더라고.

> **SITUATION** 옷을 편하게 입는다고 할 때
> **Okay** On Fridays, we can dress more casually for work.
> **구동사** On Fridays, we can **dress down** for work.

옷을 잘 차려 입는 경우 dress up이라고 하고 반대로 옷을 캐주얼하게 입는 경우에는 dress

down이라고 할 수 있습니다. 회사에서 양복을 입지 않아도 되는 날을 dress-down day라고 말하기도 하죠.

024

A I can't understand why parents would spend so much on designer brands for their babies.
B Surely they don't realize how fast their babies will **grow out of** their old clothes.

A 부모들이 애들 옷을 유명 디자이너 브랜드로 사느라고 왜 그렇게 돈을 많이 쓰나 모르겠어.
B 애들이 얼마나 빨리 자라서 입던 옷을 못 입게 되는지 모르니까 그렇지.

> **SITUATION** 성장해서 예전에 입던 옷이 안 맞는다고 할 때
> *Okay* Babies outgrow their old clothes so quickly.
> *구동사* Babies **grow out of** their old clothes so quickly.

grow out of ~는 '성장하여 ~에서 빠져나오게 된다'는 뜻입니다. 옷을 얘기할 때는 성장하여 더 이상 어떤 옷을 입을 수 없게 되었다는 뜻이죠. '애가 커서 이제 옛날 옷이 안 맞는다'를 영어로 말할 때 활용할 수 있는 표현입니다. 어떤 것을 더 이상 좋아하지 않을 정도로 성숙해졌다는 뜻으로 쓰이기도 합니다. 예를 들어 나이가 들어 더 이상 어떤 band를 좋아하지 않게 되었다면 grow out of a certain band라고 말할 수 있죠.

옷

025

A I've already had my shower and I don't feel like taking out the trash.
B No one will see you, so just **slip into** your pajamas and make it quick.

A 벌써 샤워 다 해서 쓰레기 버리러 나가고 싶지 않은데.
B 아무도 안 보니까 그냥 살짝 잠옷 걸치고 빨리 갔다 와.

SITUATION 편한 옷을 입는다고 할 때
- Okay: I've already worn my pajamas.
- 구동사: I've already **slipped into** my pajamas.

slip이 미끄러진다는 뜻이므로 slip into는 어떤 곳으로 미끄러져 들어간다는 말인데요, 옷과 관련해서는 마치 미끄러져 들어가듯 어떤 옷을 쏙 입는 모양을 묘사합니다. 잘 갖춰 입어야 되는 옷이나 입기 힘든 옷 보다는 잠옷처럼 편하게 빨리 입는 옷을 말할 때 쓰이는 구동사입니다. 그런 옷을 편히 벗는다면 slip off, slip out of라고 말하면 되고, 빨리 신발을 신고 벗는 상황에 응용하여 slip one's shoes on/off처럼 표현할 수도 있습니다.

026

A If you're free now, shall we go out for dinner somewhere?
B Let me **hop into** a nice dress and put on some makeup before we leave.

A 지금 시간 되면 어디 가서 저녁이나 먹을까?
B 괜찮은 옷으로 빨리 갈아 입고 화장을 좀 한 다음에 나가자.

SITUATION 옷을 빨리 입는다고 할 때
- Okay: Let me wear a nice dress quickly.
- 구동사: Let me **hop into** a nice dress.

앞서 설명한 slip into에서 slip 대신 hop이나 jump를 쓰면 옷 속으로 훌쩍 뛰어 들어가듯이 한 번에 신속하게 옷을 입는 모양을 나타내게 됩니다. 역시 동사 부분을 바꿔 세세한 뉘앙스를 표현하는 예입니다.

027

A It's been over an hour, but she's still in her room and not yet ready.
B It's her first date, so obviously she wants to **get dolled up** and make a good impression.

A 벌써 한 시간이 되었는데, 아직도 방 안에서 뭘 준비하고 있는 거야.
B 오늘 첫 데이트니까 예쁘게 차려 입고 좋은 인상을 남기려는 거지.

SITUATION 예쁘게 차려 입는다고 할 때

- Okay: It's her first date and she wants to make herself beautiful.
- 구동사: It's her first date and she wants to **get dolled up**.

이 책에는 명사 다음에 up을 붙여 구동사를 만드는 예들이 많이 소개되어 있습니다. 여기 나오는 doll up도 한 예입니다. 마치 인형처럼 예쁘게 차려 입고 꾸미는 모습을 doll oneself up이라고 하죠. doll somebody up처럼 사람을 목적어로 취하는 것이 기본 형태이므로 자신을 꾸미는 경우에는 get dolled up처럼 수동형으로 써야 합니다.

청소, 세척

028

A Do you need any help with the dishes?
B I've already done all the scrubbing, so you can just **rinse out** the pots and pans.

A 설거지 하는 거 좀 도와 줄까?
B 닦는 건 다 했으니까 냄비하고 프라이팬 좀 헹궈 줘.

> **SITUATION** 물로 닦아 낸다고 할 때
> **Okay** Can you wash the inside of the water pitcher?
> **구동사** Can you **rinse out** the water pitcher?

구동사를 공부하다 보면 out이 굳이 없어도 될 것 같은 자리에 쓰여 의미를 강조하는 경우를 많이 접하게 됩니다. 여기 나오는 rinse out도 마찬가지입니다. rinse는 외래어 '린스'와는 의미가 다르죠. 머리를 감을 때 쓰는 '린스'는 영어로 conditioner라고 하고, 비누나 세정액을 사용하지 않고 물로만 씻어내는 것을 rinse라고 합니다. 설거지할 때 물로 잘 헹궈 내는 것도 rinse out이라고 표현할 수 있죠.

029

A The dogs were out playing in the mud and now they've destroyed the house.
B I think we're going to have to **scrape** the dirt **off** the floor, because it's so thick.

A 개들이 진흙탕에서 놀더니 온 집안을 엉망으로 만들어 놨어.
B 어찌나 지저분한지 거의 마루에서 때를 한 꺼풀 벗기다시피 해야 할 것 같아.

> **SITUATION** 때를 벗겨 낸다고 할 때
> **Okay** We have to clean the dirt from the floor.
> **구동사** We have to **scrape** the dirt **off** the floor.

scrape가 표면에 얇게 붙어 있는 것을 벗겨낸다는 뜻을 지니고, off는 이탈이나 소멸을 의미하죠. 그래서 scrape off는 지저분한 것을 벗겨 낸다는 말이 됩니다. 역시 다른 구동사 활용법과 마찬가지로 off를 그대로 둔 채 동사를 바꿔 peel off라고 해도 되죠. peel이 껍질을 벗긴다는 뜻을 지니기 때문입니다.

030

A I spilled red wine onto my dress shirt and now it's ruined.
B Just soak it in bleach to **get** the stain **out**, and it'll be just like new.

A 와이셔츠에 적포도주를 쏟아서 옷을 다 버렸지 뭐야.
B 표백제에 넣어 두면 얼룩이 빠질 거야. 그럼 거의 새것처럼 돼.

> **SITUATION** 얼룩을 뺀다고 할 때
> `Okay` Soak it in bleach to remove the stain.
> `구동사` Soak it in bleach to **get** the stain **out**.

get out 다음에 목적어를 넣어 어떤 것을 빼낸다는 의미를 표현할 수 있습니다. 그래서 get out the stain 혹은 get the stain out은 얼룩을 없앤다는 말이 되죠. 역시 동사 부분을 바꿔 어떤 방식으로 얼룩을 제거하는지 더 구체적으로 표현할 수 있습니다. wipe out the stain은 닦아 내어(wipe) 얼룩을 없애는 것을 말하고 rub out은 문질러서(rub) 없앤다는 뜻이죠.

청소, 세척

031

A How do you remove all this cat hair from your carpets?
B I bought a heavy-duty vacuum cleaner that just **sweeps it up** in no time.

A 카페트에서 고양이 털을 어떻게 다 없애?
B 진짜 강력한 진공 청소기를 샀는데 순식간에 다 없애 버리더라고.

SITUATION 오물을 없앤다고 할 때
- Okay: My vacuum cleaner can remove it.
- 구동사: My vacuum cleaner can **sweep it up**.

역시 up을 붙여 의미를 강조한 구동사입니다. sweep이 빗자루로 쓸어 낸다는 뜻인데, 지저분한 것들을 쓸어 없애는 모양을 sweep up이라고 표현합니다. 진공청소기를 이용하여 쓸어낸다면 vacuum up이라고 하면 되고, 대걸레를 이용하여 닦아 낸다면 mop up이라고 표현할 수 있습니다.

032

A I'm done with my work, so is there anything else I should do?
B Since the rush will come soon, please **wipe down** the tables before the customers arrive.

A 할 일 다 했는데, 뭐 다른 거 도와드릴 게 있나요?
B 곧 바빠질 거니까 손님들 오기 전에 테이블 좀 닦아 줘.

SITUATION 오물을 닦아 낸다고 할 때
- Okay: Wipe the tables clean before the customers arrive.
- 구동사: **Wipe down** the tables before the customers arrive.

wipe가 닦아 낸다는 뜻을 지니는데, 테이블을 깨끗이 닦거나 벽을 닦는 것 등을 모두 wipe down

이라고 할 수 있습니다. down이 쓰였지만 반드시 위에서 아래로 닦는다는 의미는 아닙니다. sweep up에서 up이 위쪽 방향을 의미하지 않듯 wipe down의 down도 아래쪽 방향과 무관하게 '강조'와 '완결'을 표현합니다.

033

A I'm sorry, but I spilled my soda on the way to my table.
B No problem. We can replace that for you and have someone **mop up** the mess.

A 죄송한데 테이블로 가져가다가 음료를 쏟았어요.
B 괜찮습니다. 새걸로 다시 드리고 사람 시켜서 치우겠습니다.

SITUATION 대걸레로 닦는다고 할 때

`Okay` Vacuum the floor first and then clean the mess with a mop.

`구동사` Vacuum the floor first and then **mop up** the mess.

앞서 설명한 대로 mop up은 대걸레로 닦아 낸다는 뜻입니다. 대걸레를 일컫는 mop을 동사로 활용한 거죠.

Also good to know

The grease is so thick that we need to scrub it away.
기름때가 너무 두껍게 끼었어. 문질러서 닦아 내야 해.

scrub은 솔 등으로 세게 문지른다는 뜻입니다. scrub해서 뭔가를 없앤다고 할 때 scrub away라는 구동사를 활용할 수 있죠.

사교, 인간관계

034

A I met him online, but we seemed to **hit it off** right from the start.
B Wasn't it awkward at first?

A 인터넷으로 만나기는 했는데, 그와 나는 처음부터 죽이 잘 맞는 것 같아.
B 처음엔 어색하지 않았어?

> **SITUATION** 서로 잘 통하는 사이라고 할 때
> - **Okay** They seemed to interact well right from the start.
> - **구동사** They seemed to **hit it off** right from the start.

hit it off는 우리말로 따지면 '죽이 맞다' 정도에 해당하는 표현입니다. 서로 낯선 사람끼리 잘 통해서 급속히 가까워지거나 서로 잘 지낼 때 hit it off라고 말할 수 있습니다. 남녀가 급속히 가까워지는 모습을 일컬을 수도 있습니다.

035

A We're concerned that our son **hangs out** with the wrong crowd.
B As long as he doesn't cause harm to himself or others, you should let him be.

A 우리 아들이 안 좋은 애들이랑 어울리는 것 같아 걱정이야.
B 자신이나 타인에게 해를 끼치지 않으면 그냥 내버려 둬.

> **SITUATION** 다른 사람들과 어울린다고 할 때
> - **Okay** I love spending time with my friends at the mall.
> - **구동사** I love **hanging out** with friends at the mall.

원어민과 회화 수업을 하는 경우 '지난 주말에 뭐 했나요?'가 단골 질문입니다. 이 경우 친구와 놀았다는 말을 I played with my friend.라고 표현하기 쉬운데요, 어른들이 친구와 어울리는 것은

hang out이라고 말해야 자연스럽습니다. 친구와 영화를 봤다거나 저녁을 먹었다거나 하는 식으로 구체적으로 말해도 좋고, 그냥 누구와 시간을 보냈다(spend time with ~)라고 얘기하는 것도 한 방법입니다.

036

A I heard you met your childhood friend the other day. How did you find him?
B I just **ran into** him on the street, so we went to a cafe to catch up.

A 일전에 어릴 적 친구를 만났다던데. 어떻게 찾은 거야?
B 거리에서 우연히 만났어. 커피 마시러 가서 그동안 어떻게 지냈나 얘기 좀 했지.

SITUATION 어떤 사람을 우연히 만난다고 할 때

- Okay — I unexpectedly met John on the street yesterday.
- 구동사 — I **ran into** John on the street yesterday.

우연히 어떤 사람을 만난다고 할 때 유용한 구동사가 run into와 come across입니다. 두 구동사 모두 사람을 맞닥뜨리는 경우뿐 아니라 어떤 사물을 우연히 발견하는 것을 표현할 수도 있습니다. 예를 들어 우연히 유용한 웹사이트를 찾은 경우 I came across a useful website yesterday.처럼 표현할 수 있죠.

사고, 인간관계

037

A We're going out for dessert now, so get ready to join us.
B If you don't mind, my brother just told me he wants to **tag along**.

A 우리 디저트 먹으러 나갈 건데, 같이 가게 준비 해.
B 동생이 같이 따라 가고 싶다는데 괜찮을까?

SITUATION 같이 따라 간다고 할 때
- **Okay** My brother wanted to accompany me.
- **구동사** My brother wanted to **tag along with** me.

tag는 외래어 '태그'와 마찬가지로 꼬리표를 말합니다. along이 함께 한다는 뜻을 지니므로 tag along은 마치 꼬리표처럼 함께 따라간다는 말이 되죠. 보통 함께 하자고 초대받은 적이 없는 사람이 합류하는 경우에 쓰는 표현입니다.

038

A There was an awkward silence on my first day at work.
B You should try to **strike up** a conversation with the people around you to break the ice.

A 출근 첫 날이라 그런지 어색한 침묵이 흐르더라고.
B 어색함을 없애려면 주변사람과 먼저 얘기를 시작하려고 노력을 해야 해.

SITUATION 대화를 시작한다고 할 때
- **Okay** It's hard to start a conversation with someone you don't know.
- **구동사** It's hard to **strike up** a conversation with someone you don't know.

악기로 어떤 음이나 화음을 친다고 할 때 동사 strike를 활용합니다. 우리말 '치다'와 쓰임이 같죠.

그래서 오케스트라나 밴드가 연주를 시작하는 것을 strike up이라고 하는데요, 대화를 시작하는 것도 strike up a conversation이라고 말합니다. 어색한 상태에서 먼저 말을 시작한다고 할 때 유용한 표현입니다.

039

A What has he been doing these days, now that he has no job?
B He doesn't seem to be concerned, since he just **chills out with** his buddies every day.

A 실직한 후에 걔 어떻게 지내니?
B 매일 친구랑 잘 어울려 지내는 걸 보면 별 걱정 없나봐.

SITUATION 친구들과 어울린다고 할 때

Okay I promised to spend time with my friends after class.
구동사 I promised to **chill out with** my friends after class.

chill이 차갑다는 뜻을 지니므로, chill out은 열 받거나 화를 내지 말고 안정하라는 말로 쓰입니다. relax나 calm down과 같은 의미죠. 더 나아가 다른 사람과 편하게 어울리는 모습을 chill out이라고 말하기도 합니다.

연애

040

A Why aren't you talking to the girl over there anymore?
B I tried to **hit on** her, but she didn't seem interested in me.

A 저기 있는 여자애한테 왜 더 말을 안 걸어?
B 좀 꼬드겨 보려고 했는데, 나한테 관심이 없는 것 같더라고.

> **SITUATION** 이성을 꼬드긴다고 할 때
> **Okay** Everyone always tries to seduce her.
> **구동사** Everyone always tries to **hit on** her.

hit on somebody는 이성에게 관심을 갖고 접근하는 모습을 표현하는 구동사입니다. 흔히 우리가 쓰는 '꼬시다', '작업을 하다'라는 말을 영어로 표현할 때 적당하죠. 이와는 조금 다르게 pick up은 전혀 모르는 사람에게 다가가서 꼬드긴다는 의미로 쓰입니다.

041

A He and I hadn't talked much before, but he seems to be texting me a lot these days.
B Can't you see? It looks like he's starting to **fall for** you.

A 그 사람하고 얘기도 별로 안 했는데, 요즘 나한테 문자를 많이 보내는 것 같아.
B 모르겠어? 네가 좋으니까 그러는 것 같은데.

> **SITUATION** 어떤 사람과 사랑에 빠진다고 할 때
> **Okay** I can't believe how I have fallen in love with you.
> **구동사** I can't believe how I have **fallen for** you.

fall for는 직역하면 '~을 향해 쓰러진다'는 뜻입니다. 보통 '어떤 사람을 좋아하게 된다', '어떤 사람에게 빠진다'고 할 때 fall for라고 하죠.

042

A Did you end up **asking** Sally **out** yesterday?
B Yeah, but she rejected me in the nicest way possible.

A 어제 결국 샐리한테 데이트 신청 했냐?
B 응. 근데 최대한 정중하게 거절하던데.

> **SITUATION** 데이트를 신청한다고 할 때
> `Okay` Why don't you ask her to go out for a date?
> `구동사` Why don't you **ask her out**?

go out은 밖으로 나간다는 뜻이지만 마음에 드는 이성과 go out한다고 하면 데이트를 한다는 말이 됩니다. ask out이라고 하면 '같이 나가자는 요청을 하다', 즉 '데이트 신청을 한다'는 의미가 되죠.

Also good to *know*

She's looking fatter lately, so I think someone must have knocked her up.
그 여자 요즘 뚱뚱해 보이는데, 누가 임신을 시킨 건 아닌가 생각 되네.

knock up은 여성을 임신시킨다는 뜻을 지닌 구동사입니다. 주로 혼인관계와 무관한 예상치 못한 임신을 말할 때 쓰입니다. 영화나 드라마에 자주 등장하지만 고상한 표현은 아니니 활용에 주의해야 합니다.

연애

043

A So, how are your wedding plans coming along?
B I'm not sure if I should continue them. Lately, I feel like I'm starting to **grow apart from** John.

A 결혼식 준비는 어떻게 돼 가?
B 계속 준비를 해야 되나 잘 모르겠어. 최근에 존이랑 좀 멀어지고 있는 것 같아.

SITUATION 어떤 사람과 멀어진다고 할 때
- Okay   I'm starting to become emotionally detached from John.
- 구동사   I'm starting to **grow apart from** John.

apart는 서로 분리되는 모습을 표현합니다. grow는 '자라다'라는 의미 이외에 어떤 상태로 변화한다는 뜻도 지니죠. 특히 어떤 변화가 서서히 나타난다고 할 때 grow를 활용합니다. 그래서 grow apart라고 하면 서로에게서 조금씩 멀어진다는 말이 됩니다. 특히 이성간에 서로 멀어지는 모습을 일컫죠.

044

A My girlfriend keeps calling me to ask where I am.
B She must be suspicious that you're **cheating on** her with another woman.

A 여자친구가 자꾸 전화해서 어디냐고 물어.
B 네가 바람 피우는 건 아닌지 의심하는 거야.

SITUATION 바람 피운다고 할 때
- Okay   I saw Michael having an affair yesterday.
- 구동사   I saw Michael **cheating on** his girlfriend yesterday.

시험 때 하는 부정행위를 cunning이 아니라 cheating이라고 해야 맞다는 점은 이미 익숙할 것입니다. cheat는 부정행위를 한다는 뜻 이외에 cheat on의 형태로 바람을 피운다는 의미로도 활용됩니다. cheat on somebody라고 하면 somebody 몰래 다른 이성을 만난다는 말이 되죠.

045

A When I confessed to my wife that I had been fired from my job again, she **walked out on** me.
B Well, you haven't kept any job for more than a month. She must've been fed up.

A 집사람한테 나 또 해고당했다고 이실직고했더니 그냥 떠나 버렸어.
B 네가 한 달 이상 어떤 일을 한 적이 없잖아. 제수씨도 이제 못 견디겠나보지.

SITUATION 어떤 사람을 떠나버린다고 할 때
- Okay: She ended our relationship.
- 구동사: She **walked out on** me.

사귀던 이성이 떠나간다는 말도 다양하게 표현할 수 있습니다. She left me.라고 해도 되지만 구동사를 활용하여 She walked out on me.처럼 표현하기도 하죠. walk out은 걸어 나간다는 뜻인데 어떤 사람을 대상으로 걸어 나갔는지를 나타내기 위해 on을 붙여 walk out on somebody이라고 말합니다. 달리 run out on somebody라고 할 수도 있습니다. run을 썼다고 해서 어떤 사람 앞에서 뛰어 나갔다는 말은 아니고, 휙 떠나 갔다는 의미를 강조하는 표현입니다.

날씨

046

A The weather really **brightened up** after the huge storm last week.
B Yeah, I think summer has finally arrived.

A 지난 주에 큰 태풍이 오고는 날이 활짝 개었어.
B 그러게, 진짜 여름이 온 것 같아.

SITUATION 날이 갠다고 할 때

- Okay | The weather improved after the huge storm.
- 구동사 | The weather **brightened up** after the huge storm.

날씨가 맑게 개는 경우 clear up 혹은 brighten up이라고 표현할 수 있습니다. 역시 동사만 써도 될 것 같지만 up을 붙여 의미를 더 강조하는 예입니다.

047

A We can start pitching the tent once the rain starts **letting up**.
B But won't the floor be too soggy?

A 비가 잦아지면 텐트를 칠 수 있을 거야.
B 바닥이 너무 축축하지 않을까?

SITUATION 비가 약해진다고 할 때

- Okay | Let's pitch the tent once the rain starts diminishing.
- 구동사 | Let's pitch the tent once the rain starts **letting up**.

let up은 뭔가 격렬하게 진행되던 일이 잦아드는 모양을 표현합니다. 특히 비가 약해지는 상황을 표현할 때 적당합니다. 폭풍우나 바람이 잦아드는 경우도 The storm started letting up.처럼 말할 수 있죠.

048

A You can come out now. The wind has **died down**.
B I'm just going to play it safe and stay inside.

A 이제 나와도 돼. 바람이 잦아 들었어.
B 그래도 혹시 모르니 그냥 안에 있을래.

SITUATION 바람이 약해진다고 할 때
- Okay: The wind has diminished.
- 구동사: The wind has **died down**.

바람이 잦아드는 것을 말할 때 let up이라고 할 수 있고 여기처럼 죽는다는 뜻을 지닌 동사 die를 활용하여 die down이라고 말할 수도 있습니다.

Also good to *know*

It's hailing down so hard that my car was dented.
우박이 너무 세게 내려서 차가 다 찌그러졌네.

hail은 명사로 우박을 뜻하고 동사로는 '우박이 내리다'라는 의미입니다. It hails.라고만 해도 우박이 내린다는 뜻이지만 down을 붙여 강하게 내리는 모양을 더 강조할 수도 있죠.

날씨

049

A Due to the blizzard, we got **snowed in**.
B I've called for help, so just stay calm and wait for them to arrive.

A 눈보라 때문에 눈에 갇혀 버렸어.
B 도움을 요청했으니까, 조용히 사람들이 오기를 기다리면 돼.

SITUATION 사방이 눈으로 뒤덮였다고 할 때
- **Okay** I became trapped inside by the snow and couldn't go to school.
- **구동사** I got **snowed in** and couldn't go to school.

be snowed in은 눈이 많이 와서 사방이 눈으로 둘러 쌓인 상황을 표현하는 구동사입니다.

050

A Why did the coast guard suspend the rescue of the ship?
B The night was **closing in**, and visibility became too low for them to continue.

A 왜 해상구조대가 구조 작업을 멈췄지?
B 밤이 다가와서 시야가 나빠지는 바람에 더 계속할 수가 없어.

SITUATION 밤이 다가온다고 할 때
- **Okay** The night was drawing near.
- **구동사** The night was **closing in**.

close in은 어떤 것이 거리를 좁혀 오거나 다가오는 모양을 표현할 때 유용합니다. 예를 들어 The police close in.이라고 하면 경찰이 범위를 좁혀 온다는 말이죠. 밤이 그렇게 조금씩 가까이 오는 모양을 close in으로 표현할 수 있습니다.

051

A It's **pouring down** so much that my garden is flooded.
B That's terrible! You spent all of yesterday planting, too.

A 비가 너무 많이 퍼부어서 정원이 물바다가 됐어.
B 세상에. 어제 하루 종일 꽃 심었잖아.

> **SITUATION** 비가 퍼붓는다고 할 때
> `Okay` It rains so heavily.
> `구동사` It **pours down** so much.

It never rains but it pours.라는 영어 속담이 있죠. 직역하면 '비가 그냥 내리는 법이 없고 항상 퍼붓듯이 내린다'인데요, 안 좋은 일이 겹쳐 일어나는 상황을 일컫습니다. 여기 나온 pour는 원래 액체를 붓는다는 뜻이고 비가 억수로 내린다는 말도 되죠. down을 붙여 pour down이라고 하면 비가 퍼붓는다는 의미입니다.

Also good to know

It was so cold last night that my windows frosted over.
어제 밤에 너무 추워서 유리창에 온통 성에가 생겼어.

frost는 서리나 성에를 말하죠. 동사로는 얇은 얼음층이 생기거나 성에가 낀다는 뜻이 됩니다. 주로 frost up/over의 형태로 쓰이죠.

운전, 교통

052

A Why did you enter the drive-thru? I'd rather dine inside.

B It's so much faster to **pull up** the car to the speaker and place the order there.

A 왜 드라이브 스루로 가? 나는 안에서 먹었으면 좋겠는데.
B 스피커 앞에 차를 대고 주문하는 게 훨씬 빨라.

> **SITUATION** 차를 정차한다고 할 때
>
> **Okay** Just stop the car over here and I can get out.
> **구동사** Just **pull up** the car over here and I can get out.

차를 세우는 것을 pull up이라고 합니다. 마차를 몰던 옛날에 고삐를 위로(up) 당겨(pull) 말을 세우던 데서 유래한 표현입니다.

053

A How did they find out your driver's license had expired?

B I got **pulled over** by the police for speeding and the officer found out then.

A 운전면허 만기가 지난 걸 어떻게 알았어?
B 과속하다 걸려서 경찰이 차를 세웠는데, 경찰관이 알아냈어.

> **SITUATION** 경찰이 차를 세웠다고 할 때
>
> **Okay** The police stopped my car for speeding.
> **구동사** The police **pulled me over** for speeding.

pull over는 도로변에 정차한다는 뜻입니다. 앞서 설명한 pull up과 비슷한 의미라고 생각하면 됩니다. 내가 차를 세우는 경우에도 쓸 수 있지만, 교통위반을 해서 경찰이 내 차를 세우는 것을 The police pulled me over.처럼 말할 수도 있죠. 그래서 I got pulled over (by the police).라고 하면 신호위반을 하거나 과속을 하는 바람에 경찰이 나를 세웠다는 뜻이 됩니다. by the police라는

말을 넣지 않아도 되죠.

054

A Why do I need to wear a seatbelt, dad?
B If there's an emergency and I have to **slam on** the brakes, it'll keep you from flying out the car!

A 아빠, 왜 안전벨트를 해야 돼요?
B 급한 상황이 생겨서 급브레이크를 밟는 경우 네가 차 밖으로 날아가지 않도록 해 준단다.

> **SITUATION** 급브레이크를 밟는다고 할 때
> **Okay** A deer jumped out, so I had to brake hard.
> **구동사** A deer jumped out, so I had to **slam on** the brakes.

브레이크를 밟거나 가속 페달을 밟는 경우 영어로는 step on the brakes, step on the gas (pedal)처럼 step on을 활용할 수 있습니다. step on도 다른 구동사들처럼 동사 부분을 바꿔 좀 더 섬세한 뉘앙스를 표현할 수 있는데요, slam on the brakes라고 하면 급정거를 한다는 말이 됩니다. slam이 '꽝' 하는 소리를 묘사하는 단어이므로 브레이크를 급히 꽉 밟는 경우 slam on the brakes라고 표현할 수 있죠.

운전, 교통

055

A A car **cut in** at the red light, so I honked my horn and screamed at the driver.
B As long as no one was hurt, there's no need for road rage.

A 빨간 불이라 서 있는데 어떤 차가 앞으로 끼어들길래 경적을 울리고 소리도 지르고 했지.
B 아무도 다친 사람이 없다면 운전하다 그렇게 화를 낼 필요는 없어.

SITUATION 차가 끼어든다고 할 때

Okay I was about to change the lane when a car drove suddenly in front of me.
구동사 I was about to change the lane when a car **cut in**.

줄에서 끼어드는 새치기나 자동차를 몰 때 앞으로 다른 차가 끼어드는 것 모두 cut in이라고 합니다. 말하는 중간에 끼어드는 것도 cut in이라고 할 수 있는데 이 경우 She cut in on us.처럼 어떤 대상에 끼어들었는지를 표현하기 위해 on을 붙이기도 하죠. 특히 운전과 관련해서는 He cut me off.처럼 cut off라는 표현을 쓰기도 하는데요, 내 앞으로 다른 차량이 급히 끼어든다는 뜻입니다.

056

A What happened when you illegally parked on the street?
B The police **towed away** my car and made me pay a fine.

A 도로에 불법 주차 해서 어떻게 됐어?
B 경찰이 내 차를 견인해 갔고 벌금을 내게 됐어.

SITUATION 차를 견인한다고 할 때

Okay The police took away my car for illegal parking.
구동사 The police **towed away** my car.

tow는 견인한다는 뜻이죠. 주차위반을 한 자동차를 견인해 간 경우 소멸의 의미를 나타내는

away를 활용하여 tow away처럼 표현할 수 있습니다.

057

A Why did you choose that insurance company for your car?
B My car **broke down** on the highway once, and they were immediately there to assist.

A 왜 그 자동차 보험사를 선택한 거야?
B 차가 고속도로에서 고장난 적이 한 번 있었는데, 바로 와서 도와주더라고.

> **SITUATION** 차가 주저앉았다고 할 때
> - Okay: My car stopped working on the highway.
> - 구동사: My car **broke down** on the highway.

break down은 여러 의미를 지닙니다. break down and cry라고 하면 감정을 주체하지 못하고 울어 버린다는 말이 되죠. 자동차나 기계에 관해 쓰면 고장 나서 멎어버린다는 말입니다. 우리말로 '차가 퍼졌다'라는 속어 표현을 쓰기도 하는데 거기에 해당하는 영어라고 생각하면 됩니다.

전화

058

A Hey, can you **phone up** Tasha for lunch today?
B Sure, but I think she has a lot of work.

A 타샤한테 점심 먹자고 전화할래?
B 응. 근데 타샤 오늘 일이 많은 것 같은데.

> **SITUATION** 전화를 건다고 할 때
> **Okay** I'll call and ask if there's a seat left.
> **구동사** I'll **phone up** and ask if there's a seat left.

전화를 건다는 뜻을 지닌 기본 동사는 call이죠. 또, ring이나 phone도 전화를 건다는 뜻이 됩니다. up을 붙여 구동사를 만들어도 뜻은 같습니다. call up, ring up, phone up 모두 쓸 수 있습니다.

059

A Sorry to make you wait, but she keeps trying to argue with me.
B Just **hang up** the phone. You should discuss this with her in person, anyway.

A 기다리게 해서 미안해. 계속 나한테 따지려고 해서 말이야.
B 그냥 전화를 끊어. 어쨌든 만나서 얘기해야 될 거잖아.

> **SITUATION** 전화를 끊는다고 할 때
> **Okay** She just ended the call with me!
> **구동사** She just **hung up on** me!

전화를 끊는 경우 hang up이라고 합니다. 내가 말하고 있는데 상대방이 전화를 끊었다고 할 때 He hung up on me.처럼 전화를 받고 있던 사람을 전치사 on뒤에 놓아 표현하죠.

060

A What happened? I tried to call, but I couldn't **get through to** you.
B I was in an elevator at that moment, so the connection must've been poor.

A 어떻게 된 거야? 전화 했는데 연락이 계속 안 됐어.
B 엘리베이터에 있어서 연결이 안 된 것 같아.

> **SITUATION** 전화 연결이 안 된다고 할 때
> **Okay** I can't seem to reach the warranty department.
> **구동사** I can't seem to **get through to** the warranty department.

구동사를 만들 때 through도 많이 쓰이죠. 기본적으로 통과한다는 뜻을 지니는데, 어려움을 통과하여 목표에 다다르거나, 오해와 낯설음을 통과하여 상대방의 마음에 다다르는 모습 모두 through로 표현할 수 있습니다. get through도 여러 뜻을 지니는데요, 전화 통화와 관련해서는 상대방에게 전화로 연결된다는 말입니다.

Also good to *know*

I don't know why we were cut off, but I'm calling you back.
전화가 왜 끊겼는지 모르겠지만 어쨌든 다시 했어.

cut off의 기본 의미는 '잘라 내 버리다'입니다. 전화나 스마트폰에 관해 말할 때 cut off라고 하면 갑자기 전화가 끊기거나 와이파이 신호가 끊기는 것을 말하죠. '갑자기 전화가 끊겼네'라는 말을 할 때 유용한 구동사입니다.

전화

061

A Can I talk to the manager?
B Sure, I will **put you through to** Mr. Kim.

A 매니저와 통화할 수 있을까요?
B 네. 김 매니저님을 연결해 드리겠습니다.

SITUATION 전화를 연결해 준다고 할 때
- **Okay** I will connect you to Mr. Kim.
- **구동사** I will **put you through to** Mr. Kim.

get through to와 마찬가지로 through를 활용하여 어떤 사람과 전화 연결이 된다는 의미를 표현할 수 있습니다. put을 활용하여 put someone through to ~라고 하면 어떤 사람을 전화로 연결해 준다는 말이 되죠. '잠깐 기다리세요. ~을 연결해 드리겠습니다'라고 할 때 Please hold on. Let me put you through to ~.처럼 활용할 수 있는 표현입니다.

062

A I think someone's calling you on your mobile right now.
B Our meeting is more important, so I can **phone them back** later.

A 핸드폰 전화 오는 것 같은데.
B 회의가 더 중요해. 나중에 걸면 되지.

SITUATION 전화 회신을 한다고 할 때
- **Okay** May I return your call in an hour?
- **구동사** May I **phone you back** in an hour?

phone이 '전화하다'라는 뜻을 지니므로, 누군가에게 전화를 받았는데 나중에 다시 회신을 해 준다고 할 때 phone back이라고 표현할 수 있습니다. '콜백 해준다'라는 말을 쓰기도 하는데요, 영어로도 call back이라고 하면 phone back과 같은 의미가 됩니다.

063

A I'm afraid this is as much as I can do to assist you with your problem, sir.
B Please **put** your supervisor **on** the phone, so I can make a formal complaint.

A 그 문제에 대해 이 이상 도움을 드릴 수 없어 죄송합니다, 고객님.
B 정식으로 컴플레인을 제기 할 수 있도록 책임자를 바꿔 주세요.

SITUATION 전화를 바꿔 준다고 할 때

- Okay — Please transfer the call to your supervisor.
- 구동사 — Please **put** your supervisor **on** the phone.

앞에서 전화를 연결해 준다고 할 때 through를 활용했는데, 대신 on을 활용하여 Let me put the manager on the phone.처럼 말할 수도 있죠. 전치사 on은 전화를 받고 있는 상태를 표현하는 단어입니다. 그래서 '나 지금 다른 전화 받고 있어'는 I'm on another phone.이라고 말할 수 있죠.

QUICK QUIZ 1

*우리말을 영어로 옮길 때 빈 칸에 들어갈 가장 적당한 표현을 고르세요.

1 땅콩을 먹으니 알레르기가 갑자기 심해졌어.

My allergies suddenly ____ ____ after eating peanuts.

① went up   ② flared up
③ shot up   ④ held up

2 뷔페에서 쇠고기를 양껏 먹었다.

I really ____ ____ beef at the buffet.

① ate on   ② lived on
③ nibbled on   ④ gorged on

3 어릴 때 어머니가 김치를 먹으라고 하시면 억지로 삼키곤 했었지.

I used to ____ ____ kimchi whenever my mother made me eat it.

① force down   ② eat down
③ gulp down   ④ drink down

4 김교수님 강의를 들으면서 내내 졸았어.

I kept dozing ____ listening to Professor Kim's lecture.

① off   ② down
③ away   ④ in

5 그녀를 집으로 초대할 예정이야.

I'm going to invite her _____.

① over   ② in
③ out   ④ on

6 쇼핑몰에서 친구들과 어울리는 걸 좋아해.

I love ____ ____ with my friends at the mall.

① playing out   ② enjoying out
③ hanging out   ④ running out

7 우리 반 남자애 거의 모두 샐리한테 작업을 걸어 본 것 같아.

I think almost every guy in our class tried to ____ ____ Sally.

① hit on   ② hang on
③ date on   ④ ask on

8 그녀가 나를 떠나 갔어.

She ____ ____ ____ me.

① walked in on   ② walked on out
③ walked out for   ④ walked out on

설 명

1. 알레르기나 질환이 갑자기 심해지는 것을 flare up이라고 합니다.

2. 먹는 모양을 나타내는 동사 다음에 on을 붙여 어떻게 먹는지를 표현할 수 있죠. live on은 ~을 먹고 산다는 뜻이고, nibble on은 야금야금 먹는다는 말입니다. 양껏 먹었다고 했으므로 gorge on이라고 표현해야 맞죠. 책 본문에서는 feast on이라는 표현도 나왔습니다.

3. 목을 통해 아래로 음식을 내려보내는 모양을 일컬으므로 down이 들어가죠. 강제로 삼킨다고 했으므로 force down이 정답입니다. gulp down은 꿀꺽꿀꺽 삼킨다는 뜻이므로 게걸스레 먹는 모습을 표현합니다.

4. 꾸벅꾸벅 조는 모습을 doze off라고 표현하죠.

5. 안으로 들어오라고 했다는 뜻이라면 in을 써도 틀리지 않습니다. 내가 있는 방향으로 누군가를 보낸다고 할 때 over to my side처럼 over를 쓰기 때문에 내 집으로 초대한다고 할 때도 over가 가장 자연스럽습니다.

6. 어른들이 친구와 어울리며 노는 모습은 play가 아니라 hang out이라고 표현해야 자연스럽습니다.

7. 이성을 꼬드기는 모양을 hit on이라고 표현합니다.

8. walk out이 걸어 나갔다는 말이므로 결국 떠나갔다는 뜻이 되고, 누구를 떠났는지는 on 뒤에 넣어 표현합니다.

정 답

1② 2④ 3① 4② 5① 6③ 7① 8④

QUICK QUIZ 1

일
경제활동

업무, 노력

성공, 실패

직장, 커리어

돈, 경제, 거래

기업, 비즈니스

컴퓨터, 장비

Quick Quiz 2

업무, 노력

064

A I need this law degree, but there are too many statutes to memorize.
B If you want it that badly, you'll have to keep **pressing on** and do the work.

A 법학 학위를 따야 되는데 외워야 할 조문들이 너무 많아.
B 꼭 학위가 필요하면 계속 밀고 나가야지.

SITUATION 일을 계속 밀고 나간다고 할 때

- Okay: Studying law is intense, but keep persisting!
- 구동사: Studying law is intense, but keep **pressing on**!

on은 어떤 일을 계속 해 나가는 모습을 표현합니다. 보통 carry on이 어떤 일을 계속 한다는 의미로 많이 쓰이죠. 동사를 press로 바꿔 press on이라고 하면, 강하게 누른다는 press의 의미처럼 힘을 내어 밀어붙인다는 어감이 강조됩니다.

065

A I want to study a new language, but I have a hard time remembering vocabulary.
B As hard as it may be, you have to **stick to** practicing every day if you want to excel.

A 외국어를 공부하고 싶은데 단어를 외우는 게 힘드네.
B 아무리 어려워도 잘 하려면 매일 꾸준히 연습을 해야 해.

SITUATION 꾸준히 어떤 일을 한다고 할 때

- Okay: You have to continue to practice every day if you want to excel.
- 구동사: You have to **stick to** practicing every day if you want to excel.

stick이 어떤 것에 붙어 있다는 뜻이므로, stick to는 딱 붙어 있듯이 어떤 일을 계속 진행하거나 어떤 태도를 고수하는 모습을 표현합니다. 비슷한 표현에 keep at도 있죠. 어떤 것에 머문(at) 상태를 지속한다(keep)는 말이므로, 역시 어떤 태도를 고수하거나 어떤 일을 계속한다는 의미가 됩니다. Keep at it.처럼 활용할 수 있습니다.

066

A It looks like that company is about to go out of business.
B It'll have to **step up** its efforts if it wants to survive in this competitive market.

A 그 회사 망할 것 같아.
B 이렇게 경쟁적인 시장에서 살아 남으려면 노력을 더 많이 해야 할 거야.

SITUATION 더 노력한다고 할 때

- Okay | I know Brandon is trying, but he needs to strengthen his efforts.
- 구동사 | I know Brandon is trying, but he needs to **step up** his efforts.

step up은 어떤 일의 수준이나 강도를 한 단계(step) 높인다는 뜻입니다. 보통 더 많은 노력을 기울인다고 할 때 step up one's efforts의 형태로 활용하죠.

업무, 노력

067

A Job prospects are so bleak these days that I feel like I should just give up.
B You need to **buckle down** and apply to as many places as you can, if you want to succeed.

A 요즘 취업 시장 전망이 너무 나빠서 그냥 포기해야 할 것 같아.
B 참고 노력하면서 최대한 많은 자리에 지원을 해야 성과가 있지.

> **SITUATION** 열심히 노력한다고 할 때
> (Okay) You have to work hard to finish it.
> (구동사) You have to **knuckle down** to finish it.

knuckle은 손가락의 관절 혹은 주먹을 쥐었을 때 평평한 앞부분을 일컫는 말입니다. 그 부분을 땅에 대고 있는 모양을 knuckle down이라고 하는데, 어떤 일을 열심히 하거나 노력하는 모양을 일컫는 구동사로 쓰입니다. 비슷한 표현 buckle down도 거의 같은 뜻입니다. buckle down은 말 그대로 버클을 잘 채운다는 의미인데, 전투에 임하는 병사가 갑옷의 버클을 채우는 모습에서 유래하였습니다.

068

A My ankle has been weak since the surgery, and I'm not sure if I can ever play soccer again.
B Just **tough it out** through the recovery stage and you'll be back on the field in no time.

A 수술한 후에 발목이 안 좋아서 다시 축구를 할 수 있을까 모르겠어.
B 꾹 참고 재활을 잘 하면 곧 다시 필드에서 뛸 수 있을 거야.

SITUATION 힘들어도 참고 견딘다고 할 때

Okay The military is hard, but you need to endure it.
구동사 The military is hard, but you need to **tough it out**.

tough it out은 힘들고 어려운 일을 잘 참아 내는 것, 말 그대로 터프하게 해 나가는 모습을 일컫습니다. 이처럼 단어에 it out을 붙여 그 의미를 강조하는 구동사 패턴이 많죠. 예를 들어 check it out(확인해 보다), cry it out(소리내어 울다), shout it out(소리를 지르다)처럼 다양하게 표현할 수 있습니다. 여기서 it은 구체적으로 어떤 내용을 가리키기보다는 동사 + it + out이라는 패턴의 일부라고 생각하는 것이 좋습니다.

069

A I've been working day and night lately, but my boss doesn't seem to recognize it.
B **Keep up** the good work and she'll reward you for it one day, I'm sure.

A 요즘 밤낮으로 열심히 일하는데, 사장님이 인정을 안 해주는 것 같아.
B 계속 열심히 하면 언젠가 보상을 해 주리라고 믿어.

SITUATION 계속 잘 해 나간다고 할 때

Okay You are working hard. Keep performing well!
구동사 You are working hard. **Keep up** the good work!

keep up은 어떤 상태를 계속 유지한다는 뜻입니다. 속도나 노력을 늦추지 말고 계속 해 나아가라고 할 때 활용할 수 있는 구동사죠. Keep it up!처럼 간단하게 쓰이는 경우도 많습니다. 뒤에 with를 붙여 keep up with ~라고 하면 ~와 보조를 맞춘다는 조금 다른 의미가 됩니다.

업무, 노력

070

A I don't think we're making any progress, so maybe we should change course.
B We've only just begun, so it's my opinion that we need to **press ahead with** the project.

A 진전이 없는 것 같은데 방향을 바꿔야 할까 봐.
B 이제 시작했으니까 이 프로젝트를 쭉 밀고 나가야 된다는 게 내 생각이야.

SITUATION 일을 밀고 나간다고 할 때

- Okay: The deadline is soon. We have to keep working with this project.
- 구동사: The deadline is soon. We have to **press ahead with** this project.

press는 앞서 press on에서 설명한 것처럼 어떤 일을 힘을 들여 추진하는 모양을 묘사할 때 유용합니다. 그래서 어떤 일을 강하게 추진해 나간다고 할 때 press ahead with 혹은 push ahead with와 같은 구동사를 쓸 수 있습니다. 우리말 '밀어 붙이다'를 영어로 옮길 때 적당한 표현들입니다.

071

A My in-laws suddenly want to change the destination for our trip.
B It's too late to cancel your itinerary now, so you need to **push for** the plans as they are.

A 시댁 식구들이 갑자기 여행지를 바꾸자는데.
B 이제 와서 일정을 바꾸기에는 너무 늦었으니까 처음 계획대로 밀고 나가.

SITUATION 일을 추진한다고 할 때

Okay These are the best plans. We have to make a strong effort for the plans.

구동사 These are the best plans. We have to **push for** them.

push ahead with, press ahead with와 같은 의미로 push for를 활용할 수도 있습니다. 역시 '추진하다', '밀어 붙이다'라는 우리말을 영어로 표현할 때 유용합니다.

072

A I **put in** a lot of effort for the project, but it was still not accepted by the committee.
B I guess you'll have to find out what exactly the problem was so you can fix it.

A 그 프로젝트에 진짜 많은 노력을 기울였는데, 아직 위원회의 승인을 받지 못하고 있어.
B 문제를 해결하려면 정확히 어디에 문제가 있는지부터 찾아내야 할 것 같아.

SITUATION 노력을 기울인다고 할 때

Okay I made a strong effort for this project.

구동사 I **put** a lot of effort **in** this project.

노력을 기울인다고 할 때 effort 앞에 쓸 수 있는 동사로 make가 가장 익숙하죠. 다른 기본 동사 put을 활용하여 put in effort라고 하면 노력을 '집어 넣는다', 즉 노력을 한다는 말이 됩니다. 우리말 '~을 ~하다'를 영어로 옮길 때 동사 부분이 잘 떠오르지 않을 때가 많죠. 그런데 막상 영어로 표현한 것을 보면 여기처럼 put과 같은 기본적인 동사를 활용하는 경우가 잦습니다. 시간이나 에너지를 투입하여 어떤 일을 하는 경우 '투입하다'에 해당하는 부분은 put in이나 put into로 쉽게 표현할 수 있습니다.

업무, 노력

073

A There were many excellent ideas at the company retreat, but they have yet to be implemented.
B It's important for us to **follow up on** those ideas, otherwise they have no purpose.

A 회사 워크숍에서 아주 훌륭한 아이디어들이 많이 나왔는데, 아직 실행된 것들이 없어.
B 그런 아이디어들에 대한 후속 조치가 중요해. 그렇지 않으면 아무 의미가 없지.

> **SITUATION** 필요한 후속 조치를 취한다고 할 때
>
> **Okay** I simply wanted to do something more about last week's meeting.
> **구동사** I simply wanted to **follow up on** last week's meeting.

'팔로우업'이라는 외래어로도 익숙한 표현입니다. follow up은 진행되고 있는 어떤 일에 대해 추가적인 조치를 취하거나 추가적인 연락을 한다고 말할 때 유용한 구동사입니다. follow-up처럼 형용사형을 만들어 활용하기도 하죠. 예를 들어 Let's have a follow-up phone call tomorrow.라고 말하면, 내일 추가로 전화 통화를 하자는 뜻이 됩니다.

074

A We've had a nice chat, but I think it's time now to **get down to** business.
B Yes. Here are the reports on our corporation's revenue over the last quarter.

A 얘기 잘 나눴어요. 이제 일 얘기를 해야죠.
B 네. 여기 지난 분기 우리 회사의 매출 보고서가 있습니다.

SITUATION 중요한 문제로 들어간다고 할 때

Okay We have to focus on the work and finish the task.
구동사 We have to **get down to** business and finish the task.

get down to 다음에 어떤 사안에 해당하는 단어를 쓰면 그 사안에 대한 논의를 시작한다는 뜻입니다. get down to business는 '이제 다른 이야기는 그만 하고 해야 할 얘기를 합시다' 정도에 해당하는 말이 되죠. get down to the nitty-gritty(핵심으로 들어가다)처럼 '핵심'을 의미하는 단어를 넣어 표현할 수도 있습니다.

075

A So many people are trying out. I don't think I'll make it.
B You just have to believe in yourself and **go for** it.

A 시도하는 사람이 너무 많아서 내가 성공할 것 같지 않아.
B 네 자신을 믿고 한번 해 봐야지.

SITUATION 한번 시도해 본다고 할 때

Okay Just believe in yourself and try it.
구동사 Just believe in yourself and **go for** it.

go for는 단어의 뜻만 생각하면 어떤 것을 향해서 간다는 말이지만, 목표를 달성하기 위해 노력한다는 의미도 지닙니다. '일단 한번 해 보자', '노력해 보자'라는 뜻으로 활용할 수 있는 구동사입니다.

업무, 노력

076

A The midterm exams are only days away, and I still haven't begun to study.
B In that case, you'd better **gear up for** some all-nighters.

A 중간고사가 며칠 안 남았는데, 아직 공부를 시작도 못 했어.
B 그럼 며칠 밤을 샐 준비를 하는 게 좋겠군.

SITUATION 힘든 일을 준비한다고 할 때
- **Okay** I have been preparing to handle this problem.
- **구동사** I have been **gearing up** to handle this problem.

gear up은 말 그대로 고단 기어로 변속한다는 뜻입니다. 더 많은 노력을 기울이거나 노력의 강도를 높인다고 할 때 자동차 운전에 빗대어 gear up이라고 말할 수 있습니다.

077

A How have your therapy sessions been lately?
B I haven't sensed much progress yet, but I'm determined to **see it through** to the end.

A 요즘 치료 받고 있는 거 어떻게 돼 가?
B 아직 큰 차이는 모르겠는데, 끝까지 해 볼 생각이야.

SITUATION 끝까지 처리한다고 할 때
- **Okay** This project isn't working very well, but I am going to complete it.
- **구동사** This project isn't working very well, but I am going to **see it through**.

see through는 어떤 것을 통과해서 본다는 뜻이죠. 그래서 I can see through you.는 '네 속셈이 무엇인지 알고 있다'는 말이 됩니다. 속이 비쳐 보이는 옷을 see-through라고 부르기도 하죠.

위 예문에 쓰인 구동사 see it through는 일을 끝까지 처리하거나 일이 잘 처리되도록 끝까지 신경을 쓴다는 말입니다. 마지막까지 최선을 다해 일을 처리한다고 할 때 유용합니다.

078

A You've been working out at the gym a lot lately.

B The doctor says my weight is below average, so I've been trying to **beef up**.

A 요즘 헬스클럽에서 운동 열심히 하네.
B 의사가 나보고 저체중이라고 해서 몸을 만들고 있는 중이야.

SITUATION 강화한다고 할 때
- Okay: Before the conference, security has been increased.
- 구동사: Before the conference, security has been **beefed up**.

beef는 쇠고기를 뜻하죠. beef up은 어떤 것을 강화하거나 더 좋게 만든다는 뜻입니다. beef가 근육을 의미하는 속어로 쓰였기 때문에 beef up이 강화한다는 뜻을 지니게 되었다는 유래도 있습니다만, 굳이 어원을 따지지 않아도 의미를 쉽게 기억할 수 있는 표현이죠.

성공, 실패

079

A He had prepared so much for that speech, so why does he look displeased?
B With so many people in the audience, he was so nervous that he **screwed up** his presentation.

A 그 사람 연설 준비 진짜 많이 했잖아. 왜 불만족스러운 표정이래?
B 청중이 너무 많아서 긴장하는 바람에 프레젠테이션을 망쳤어.

> **SITUATION** 일을 망친다고 할 때
> **Okay** He ruined the project!
> **구동사** He **screwed up** the project!

screw up은 일을 망친다는 뜻입니다. 같은 뜻을 지닌 mess up보다 좀 더 속어적인 표현이라고 생각하면 됩니다.

080

A Do you know why that candidate cancelled her bid for the presidency?
B She **lagged behind** the winners so much that there was no reason for her to stay in the race.

A 그 후보자는 왜 대통령 선거에 나가지 않기로 했대?
B 너무 많이 뒤처져서 선거운동을 계속할 이유가 없게 됐어.

> **SITUATION** 뒤처져 있다고 할 때
> **Okay** I feel like the only one who's slower than others.
> **구동사** I feel like the only one who's **lagging behind**.

lag가 남들보다 뒤처진다는 뜻이므로, lag behind는 경쟁에서 뒤떨어진 상태를 나타냅니다. 비슷한 표현 leave something behind도 있는데요, 어떤 것을 뒤로 한다는 말이므로 내가 뒤처져 있다고 말하려면 I'm left behind.처럼 수동형으로 말해야 합니다. 둘 다 다른 경쟁 상대보다 뒤처져 있다고 할 때 활용할 수 있는 표현입니다.

081

A Why didn't you stay to watch the rest of the documentary?
B It was so sad and depressing that I couldn't **follow through with** it.

A 그 다큐멘터리 왜 끝까지 보지 않았어?
B 너무 슬프고 우울해서 끝까지 못 보겠더라고.

> **SITUATION** 끝까지 해 낸다고 할 때
> **Okay** I wanted to stay with the group but I couldn't complete.
> **구동사** I wanted to stay with the group but I couldn't **follow through**.

앞서 설명한 get through, see through처럼 through가 들어가는 구동사들의 의미는 비슷합니다. 끝까지 해 내거나 끝까지 노력한다는 뜻을 지니죠. 여기 나오는 follow through도 마찬가지입니다. 어떤 일을 끝까지 해 내거나 약속대로 이행한다는 의미로 쓰입니다. 그래서 follow through on one's promise라고 하면 약속한 내용을 지킨다는 말이 됩니다.

성공, 실패

082

A It's a wonder he still hasn't been fired for his conduct in the workplace.
B Bill can't **get away with** being so rude to people, so it's only a matter of time.

A 회사에서 그런 일을 하고도 잘리지 않은 게 신기해.
B 그렇게 무례하게 굴고도 아무 일 없을 수는 없지. 시간 문제일 뿐이야.

> **SITUATION** 잘못을 저지르고 벌을 받지 않는다고 할 때
> **Okay** Bill will be criticized for being so rude to people.
> **구동사** Bill can't **get away with** being so rude to people.

get away는 도망을 가거나 훌쩍 떠나 버린다는 의미로 쓰입니다. 그런데 get away with 다음에 어떤 안 좋은 행동을 쓰면, 그런 행동을 하고도 걸리지 않고 넘어간다는 말이 됩니다. 즉 잘못을 저지르고도 벌을 받지 않는 것을 get away with ~라고 표현합니다. get away with murder라는 표현도 있는데요, 직역하면 살인을 저지르고 도망을 간다는 뜻이지만, 반드시 살인이 아니더라도 뭔가 나쁜 짓을 하거나 범죄를 저지르고 대가를 치르지 않는 것을 말합니다.

083

A Angela's plans **fell through** at the last minute so she can't come with us.
B Oh, that's a bummer.

A 안젤라 계획이 마지막 순간에 틀어져서 우리랑 같이 못 가게 됐어.
B 정말 실망이다.

> **SITUATION** 일이 잘 되지 않는다고 할 때
> **Okay** The plan failed at the last minute.
> **구동사** The plan **fell through** at the last minute.

follow through나 get through는 일을 끝낸다는 뜻이지만, fall through는 일이 어그러지거나 계획대로 진행되지 않는 것을 말합니다.

084

A My uncle has been **tinkering with** that clock for days now.
B He should just take it to the repair shop, have it fixed, and be done with it.

A 삼촌이 그 시계를 며칠째 고치겠다고 만지작거리고 있어.
B 수리점에 맡겨서 고치고 마무리해야 할 것 같다.

SITUATION (별 성과 없이) 문제를 해결하려 노력한다고 할 때
- Okay : I'm trying to fix it to make it work.
- 구동사 : I'm trying to **tinker with** it to make it work.

tinker는 '땜장이'를 뜻합니다. '임시로 고치는 사람'이라는 땜장이의 이미지에서 유래하여, tinker with는 어떤 사물 혹은 문제점을 고치거나 수정한다는 의미를 지닙니다. 완전히 바로잡는 것이 아니라 임시변통으로 해결하거나 별 성과를 내지 못하는 것을 암시하는 표현입니다.

성공, 실패

085

A I understand your opinion, so there's no need to **drag** this argument **on** any further.
B Well, I'm trying to convince you to share my opinion since I think it's relevant to both of us.

A 네 생각을 이해하니까 이 논의를 더 끌 필요는 없을 것 같아.
B 난 이 문제가 우리 둘 모두와 관련이 있으니까 네가 내 의견에 동의하도록 설득하려 하는 거야.

SITUATION 일을 지연시킨다고 할 때
- **Okay** There's no need to extend this argument any further.
- **구동사** There's no need to **drag** this argument **on** any further.

'끌다'라는 우리말이 사물을 잡아당긴다는 뜻과 시간을 허비한다는 뜻을 모두 지니는데, 영어 drag도 마찬가지입니다. drag on이라고 하면 어떤 일을 빨리 처리하지 않고 시간만 끈다는 말이 되죠. 한 단어로 dilly-dally라고 말하기도 합니다.

086

A I tried to persuade her to hand the project over to me, but she wouldn't **back down**.
B It does show her enthusiasm for the job, so you have to give her credit on that.

A 그 프로젝트 나한테 넘기라고 설득해 보려 했는데, 도무지 물러나지를 않네.
B 그 사람이 그 일에 얼마나 열정이 있는지 보여주잖아. 그 점은 네가 인정해야 해.

SITUATION 현재 입장에서 물러선다고 할 때
- **Okay** I tried to persuade her, but she wouldn't concede.
- **구동사** I tried to persuade her, but she wouldn't **back down**.

back down, back off, 그리고 이어서 설명할 back out 모두 비슷한 의미를 지닙니다. back은 뒤로 물러난다는 뜻이죠. 뒤에 off나 down을 붙여 포기하고 물러난다는 의미를 표현할 수 있습니다.

087

A I've tried everything I can to make this work, but I don't think it's possible.
B We've put so much into this already, so you can't **back out** now.

A 어떻게 해 보려고 모든 수단을 다 써 봤는데, 가능한 것 같지가 않다.
B 지금까지 기울인 노력이 얼만데, 지금 물러설 수는 없어.

> **SITUATION** 현재 입장에서 물러선다고 할 때
> **Okay** We've put so much into this already, so you can't quit now.
> **구동사** We've put so much into this already, so you can't **back out** now.

back down, back off와 비슷한 의미입니다만, back out은 back out of the deal처럼 어떤 결정 사항에 참여하지 않기로 한다는 뜻을 표현할 수 있습니다. back down, back off, back out을 모두 포기하고 물러난다는 뜻으로 활용하면 무난합니다.

직장, 커리어

088

A Does your team have anything planned for tonight after work?
B It's the weekend, so we're going to **punch out** right after the meeting and go for a drink.

A 너희 팀 오늘 일 끝나고 무슨 계획 있니?
B 주말이니까 회의 끝나는 대로 퇴근해서 술 마시러 가려고.

SITUATION 퇴근 시간을 기록한다고 할 때
- Okay   What time are you supposed to leave work today?
- 구동사 What time are you supposed to **punch out** today?

직장에서 출근 시간과 퇴근 시간을 기록하는 것을 각각 punch in, punch out이라고 말합니다. 시계가 달린 기계에 카드를 넣어 시간이 기록되도록 하기 때문에 동사 punch를 활용하죠. 달리 clock in, clock out이라고 해도 같은 의미입니다.

089

A Does this company have flexible working hours for its employees?
B Everyone must be **clocked in** before 9 AM.

A 이 회사는 근무시간을 좀 유연하게 운영하는 편인가요?
B 9시 전에 모두 출근부에 도장을 찍어야 해요.

SITUATION 출근 시간을 기록한다고 할 때
- Okay   I begin work at 8 AM every day.
- 구동사 I **clock in** at 8 AM every day.

punch in/out 하는 장비를 사용하지 않고 예를 들어 종이에 적거나 다른 방식으로 기록한다면 clock in이나 clock out이라고 말할 수 있습니다. 모두 출퇴근 시간을 기록한다는 의미죠.

090

A Who's responsible for your work once you take your annual leave?
B John will **stand in for** me while I'm on vacation, so everything will be taken care of by him.

A 연가 가는 동안에 자네 일은 누가 하기로 했나?
B 제가 휴가 가는 동안 존이 대신하기로 했습니다. 존이 다 처리할 겁니다.

SITUATION 다른 사람의 업무를 대신한다고 할 때

> `Okay` Can you replace me while I use the restroom?
>  Can you **stand in for** me while I use the restroom?

조직에서 누군가의 자리를 다른 사람이 잠깐 대신한다고 할 때 stand in for라고 합니다. 특히 휴가 등으로 잠시 자리를 비운 사람의 일을 대신할 때 잘 등장하는 표현이죠. 예를 들어 뉴스 진행자가 메인 앵커 대신 뉴스를 진행하는 경우 I'm Michael, standing in for John today.와 같이 말하는 것을 들을 수 있습니다.

Also good to *know*

The meeting wasn't important for her, so she decided to sit out.
그 회의는 그리 중요하지 않아서 그녀는 참석하지 않기로 했다.

sit out은 어떤 일에 참석하지 않는다는 뜻입니다. 특히 sit out a meeting이라고 하면 회의에 참석하지 않는다는 말이 되죠. sit out on a meeting이라고 말하기도 합니다.

직장, 커리어

091

A Is it okay if I **take** tomorrow **off**?
B As long as you can find a replacement, I don't mind.

A 내일 쉬어도 될까요?
B 대신할 사람만 있으면 상관 없어요.

> **SITUATION** 휴가를 낸다고 할 때
> (Okay) Can I take leave tomorrow?
> (구동사) Can I **take** tomorrow **off**?

take + 시간 + off는 어떤 시간 동안 일을 하지 않는다고 할 때 쓰는 가장 기본적인 표현입니다. 예문에서는 내일 하루를 쉰다고 했지만 그보다 훨씬 긴 기간을 얘기할 때도 쓸 수 있죠. 예를 들어 학생이 휴학을 하고 한 학기나 일년을 쉬는 경우에도 take a semester off, take a year off처럼 말할 수 있습니다.

092

A How do you feel about working at a conglomerate?
B The hours are long, but if I work hard I can **move up** the corporate ladder.

A 대기업에서 일하니 어때?
B 일은 많은데, 열심히 하면 빨리 승진할 수 있어.

> **SITUATION** 회사에서 직급이 높아진다고 할 때
> (Okay) If I work hard I can be promoted easily.
> (구동사) If I work hard I can **move up** the corporate ladder easily.

move up, climb up은 말 그대로 높은 곳에 오른다는 뜻입니다. 함께 쓰인 단어 ladder(사다리)를 주목할 필요가 있는데요, 기업에서 직급 체계를 (corporate) ladder처럼 사다리에 빗대어 말합

니다. 그래서 move up the corporate ladder라고 하면 회사에서 승진한다는 말이 됩니다.

093

A You weren't an actor back then, so how did you **get into** the movie industry?
B Well, I was already famous as a comedian, so many producers invited me to their auditions.

A 옛날에는 배우가 아니었잖아요. 어떻게 영화계에 발을 들이게 된 건가요?
B 이미 코미디언으로는 잘 알려져 있어서 여러 프로듀서들이 오디션을 보라고 했습니다.

> **SITUATION** 어떤 업계에 발을 들인다고 할 때
>
> Okay　How did you enter the textile business?
> 구동사　How did you **get into** the textile business?

어떤 업계에 발을 들인다, 어떤 업계에 입문한다고 할 때 get into a certain industry와 같이 표현할 수 있습니다. get이 기본 동사이고, break into라고 하면 힘들게 뚫고 들어간다는 어감이 있죠. 또 dive into라고 하면 물 속으로 다이빙하듯 주저 않고 뛰어든다는 뉘앙스가 표현됩니다.

돈, 경제, 거래

094

A Lately, the quality of your pictures has been much higher than usual.
B That's because I **traded in** my old digital camera for a new model.

A 요즘 네가 찍은 사진들 품질이 전보다 더 좋아진 것 같아.
B 오래된 디카를 새 모델로 바꿔서 그래.

> **SITUATION** 교환한다고 할 때
> **Okay** I exchanged my old digital camera for a new model.
> **구동사** I **traded in** my old digital camera for a new model.

trade in은 자기가 쓰던 제품을 다른 것으로 바꾼다는 말입니다. trade in A for B라고 하면 예전에 쓰던 A를 B로 바꿨다는 뜻이죠. 내가 쓰던 물건에 돈을 더 보태어 새것과 교환한다고 할 때도 쓸 수 있습니다. 이 경우에는 A보다 B가 더 비싸겠죠.

095

A Those things **go for** thousands of dollars nowadays.
B Really? They were so cheap before.

A 저런 게 요즘 수천 달러나 한대.
B 진짜? 예전에는 정말 쌌는데.

> **SITUATION** 얼마에 거래가 된다고 할 때
> **Okay** That baseball card is being purchased for 1,000 dollars on eBay.
> **구동사** That baseball card **goes for** 1,000 dollars on eBay.

앞에서 다룬 go for는 어떤 일에 의욕적으로 도전해 본다는 뜻이지만, 상품과 관련해서 go for라

고 하면 물건의 가격이 얼마라는 말이 됩니다. 상품이 얼마에 거래되고 있다고 할 때 go for 다음에 가격을 넣어 표현할 수 있죠.

096

A I checked the rate at that hotel, and it seems too expensive.
B Was that for a weekend? If you factor in weekdays, it **averages out** to be cheaper.

A 그 호텔 요금을 확인해 봤는데 너무 비싸.
B 주말 요금만 따진 거 아냐? 주중 요금까지 고려해서 평균을 내면 싼 편이야.

SITUATION 평균을 낸다고 할 때

> Okay : If you calculate the average, the total cost is not that high.
> 구동사 : If you **average it out**, the total cost is not that high.

average는 평균을 뜻하는데요, out을 붙여 average out이라고 하면 평균을 낸다는 동사 표현이 됩니다.

He wanted to save electricity so that it wouldn't **run up** the bill.
그는 요금이 많이 나오지 않게 전기를 아끼려고 했다.

bill은 요금 고지서를 말하는데, '요금'이라는 의미로 쓰이는 경우도 많습니다. run up the bill이라고 하면 요금이 많이 나오게 한다는 뜻이죠. 어떤 행동으로 인해 많은 요금을 지불하게 된다고 할 때 쓸 수 있는 구동사입니다.

돈, 경제, 거래

097

A Oil prices **shot up** in the 70s in what was called the oil shocks.
B Thinking about the current price, we're living in a good time!

A 70년대 소위 오일 쇼크 시기에는 원유값이 급등했어.
B 지금 기름값을 생각해 보면 우리는 좋은 시절에 사는 셈이구나.

> **SITUATION** 가격이 급등한다고 할 때
> **Okay** Oil prices have sharply increased recently.
> **구동사** Oil prices have **shot up** recently.

가격이 오른다고 할 때 increase나 rise와 같은 동사를 쓰지만 구동사로는 go up이 가장 기본 표현입니다. 솟구쳐 오르듯 급등했다는 의미를 전달하려면 shoot up이라고 표현할 수 있죠.

098

A Why do you always go to the supermarket just before it closes?
B They **mark down** the price of many items around that time, so I take advantage of that.

A 왜 문 닫기 직전에 수퍼마켓에 가?
B 그 시간쯤 되면 가격을 내리는 상품들이 많거든. 그 기회를 이용하려고.

> **SITUATION** 가격을 낮춘다고 할 때
> **Okay** They reduce the price of many items around closing time.
> **구동사** They **mark down** the price of many items around closing time.

mark는 '표시'라는 명사 뜻뿐 아니라 '표시를 하다'라는 동사 뜻도 지닙니다. mark down은 가격을 낮추어(down) 표시를(mark) 한다, 즉 가격을 인하한다는 말입니다.

099

A You sure like to buy a lot in bulk at those warehouse clubs.
B We always **stock up on** what we can, in case of emergency. Better safe than sorry!

A 창고형 할인매장에서 많이씩 사 두는 걸 좋아하는구나.
B 혹시 모를 사태에 대비해서 항상 많이 사 두는 편이야. 안전하게 하는 게 좋잖아.

> **SITUATION** 사재기를 한다고 할 때
>
> `Okay` There is going to be a hurricane. We have to purchase extra canned goods.
> `구동사` There is going to be a hurricane. We have to **stock up on** canned goods.

재고를 뜻하는 stock이 쌓아 둔다는 동사 뜻도 지니므로, stock up이라고 하면 어떤 물건을 사재기한다는 말이 됩니다. 보통 뒤에 on을 넣어 어떤 물건을 사재기하는지 표현하죠. 비슷한 뜻을 지닌 단어로 hoard가 있습니다. 역시 물건을 쌓아 둔다는 뜻인데 몰래 쌓아 두는 것처럼 부정적인 어감을 표현합니다.

돈, 경제, 거래

100

A Why don't you work for that startup anymore?
B I **raked in** a lot of money while I was there, but the overtime almost killed me.

A 그 벤처 기업 왜 그만 뒀어?
B 그 회사에 다니는 동안 많은 돈을 벌었지만 야근이 많아서 거의 죽을 지경이었어.

SITUATION 돈을 많이 번다고 할 때
- **Okay** He made a lot of money through stock investment.
- **구동사** He **raked in** a lot of money through stock investment.

rake가 갈퀴를 뜻하므로 rake in은 갈퀴로 긁어 들인다는 말입니다. 돈을 긁어 모은다는 우리말과 비슷하게, 많은 돈을 버는 모양을 rake in이라고 표현할 수 있습니다.

101

A When she was sent to the hospital, her son **scraped together** all of his savings to pay for it.
B What a respectable young man he must be!

A 그녀가 병원에 입원한 동안 아들이 저축한 돈을 모두 긁어 모아서 병원비를 냈대.
B 정말 대단한 젊은이일세.

SITUATION 흩어져 있는 것들을 긁어 모은다고 할 때
- **Okay** He used all of his savings to pay for the medical bill.
- **구동사** He **scraped together** all of his savings to pay for the medical bill.

뭔가를 모은다고 할 때 기본 표현이 put together이죠. 그냥 모으는 것이 아니라 긁어 모은다고 하려면 scrape together라고 표현할 수 있습니다. scrape가 표면에서 긁어 낸다는 뜻을 지니기 때문이죠. '돈을 닥닥 긁어 모은다'라는 우리말 표현의 뉘앙스를 영어로 전달하기에 적합한 구동사

라고 생각하면 됩니다.

102

A Don't you need to get a new car after the car accident?
B I have to **pay off** my car loan for another three years. So I can't afford a new car now.

A 차 사고가 나서 새 차를 사야 되지 않아?
B 자동차 할부금 앞으로 3년은 더 내야 해. 지금은 새 차를 살 여력이 없어.

> **SITUATION** 큰 돈을 조금씩 갚아 나간다고 할 때
> (Okay) I only completed paying the interest of my student loan.
> (구동사) I only **paid off** the interest of my student loan.

구동사를 만드는 off는 소멸이나 약화를 표현합니다. 그래서 pay off라고 하면 지불하여 없앤다는 말이 되는데, 빚을 조금씩 갚아 나가는 상황을 말할 때 유용합니다. 주택 대출, 자동차 할부금, 학자금 대출 등을 조금씩 갚아 나갈 때 모두 pay off라고 할 수 있죠.

기업, 비즈니스

103

A I'm trying to **set up** a film business.
B Won't it be hard going to school at the same time?

A 영화사를 차려 보려고 하고 있어.
B 학교 다니면서 하기는 힘들지 않나?

SITUATION 기업을 차린다고 할 때
- Okay: I am trying to establish an Internet business.
- 구동사: I am trying to **set up** an Internet business.

set up은 말 그대로 뭔가를 세운다는 뜻이죠. '설립하다'라는 우리말에 딱 맞는 구동사입니다. 절차를 수립하거나 기업을 설립하는 경우 모두 set up이라고 할 수 있죠.

104

A How has your business been since the stock market crashed?
B Many small companies **go under** when this occurs, so I've been extra careful.

A 주식 시장이 폭락한 이후에 사업은 어땠어?
B 소규모 기업은 이럴 때 도산하는 법이라 특별히 주의했어.

SITUATION 회사가 도산한다고 할 때
- Okay: Many companies became bankrupt since the stock market crashed.
- 구동사: Many companies **went under** since the stock market crashed.

기업이 파산하는 것을 가리키는 표현도 다양합니다. go bankrupt가 가장 일반적이고, go belly-up이라는 표현도 있죠. 물고기가 죽으면 배가(belly) 위로(up) 향하게 물 위로 뜨기 때문에 나온 표현입니다. go under도 있는데요, 밑으로 들어간다는 뜻인데, 물 속으로 가라앉는 모습을 생각하면 이해가 쉽습니다.

105

A It seems they're about to declare bankruptcy, so I'm afraid we may lose our jobs.
B The government is rumored to **bail out** the company, so I'm sure we'll be fine.

A 곧 파산을 선언할 것 같은데, 우리 일자리를 잃는 게 아닐까.
B 정부가 구제해 준다는 소문이 있으니, 괜찮을 거라 믿어.

> **SITUATION** (돈을 투입하여) 구제한다고 할 때
>
> `Okay` I don't know why the government keeps saving the large banks from bankruptcy.
>
> `구동사` I don't know why the government keeps **bailing out** the large banks.

bail은 보석금을 말합니다. 보석금을 내고 피의자를 빼내 오듯, 어떤 기업을 구제하는 경우 bail out이라고 할 수 있죠. 특히 금전적인 지원을 통해 돕는 경우에 씁니다. 그냥 돕는다는 뜻인 help out과 달리 bail out은 돈을 투입하여 위기에 처한 기업을 구해 낸다고 할 때 주로 등장합니다.

기업, 비즈니스

106

A When was this company set up? I've never heard about its name.
B The company was **spun off** from the conglomerate.

A 이 회사 언제 생겼지? 처음 들어보는 이름인데.
B 대기업에서 분사된 회사야.

> **SITUATION** 기업을 분사한다고 할 때
>
> **Okay** The company has decided to turn its customer relations section into its own entity.
>
> **구동사** The company has decided to **spin off** its customer relations section.

spin-off처럼 명사로 쓰이기도 하는데요, 사업부문의 일부를 떼어 내어 분사하는 것을 spin off라고 말합니다.

107

A There have been many airline mergers lately, making flights increasingly expensive.
B Several industry leaders have been **buying out** rival companies to reduce competition.

A 최근에 항공사 간 합병이 많더니 항공료가 점점 비싸지고 있어.
B 주요 기업 몇 개가 경쟁을 줄이려고 경쟁사들을 사들이고 있어.

> **SITUATION** 다른 기업을 사 버린다고 할 때
>
> **Okay** The company was acquired by its competitor.
>
> **구동사** The company was **bought out** by its competitor.

동사만 써도 충분히 의미가 통할 것 같은데 up이나 out을 덧붙여 의미를 강조하는 구동사를 여럿

살펴 보았죠. 여기 나오는 buy out도 그런 예입니다. buy와 기본 의미는 같은데, 주로 비즈니스에서 기업을 인수하거나 기업의 지분을 사는 것을 buy out이라고 합니다. buyout처럼 붙여 쓰면 명사가 됩니다.

108

A Now that a lot of people don't buy real books, I think ABC Bookstore is **branching out** to e-books.
B That's a smart move. I'm sure they will be able to survive.

A 사람들이 종이책을 잘 안 사서 ABC서점도 전자책 분야로 진출하는 것 같아.
B 좋은 선택이라고 생각해. 잘 버틸 수 있을 거야.

> **SITUATION** 다른 분야로 진출한다고 할 때
> (Okay) The company is expanding to e-books.
> (구동사) The company is **branching out** to e-books.

branch는 가지를 뜻하죠. 나무가 가지를 뻗듯 새로운 분야로 비즈니스를 확대해 나가는 것을 branch out이라고 합니다. 기업이 새로운 분야에 진출한다고 할 때 활용할 수 있는 표현입니다.

기업, 비즈니스

109

A We are picking up speed slowly. I hope we can **break into** the market by next fall.
B It looks tough, but I'm sure you'll succeed!

A 조금씩 속도를 내고 있어. 내년 가을까지는 그 시장에 진출하면 좋겠어.
B 어렵겠지만 네가 잘 하리라 믿어.

> **SITUATION** 어떤 시장에 진출한다고 할 때
> (Okay) Our company is planning to enter men's sportswear market by next fall.
> (구동사) Our company is planning to **break into** men's sportswear market by next fall.

앞서 get into에서 설명했는데요, 시장에 진출한다는 말도 다양하게 표현할 수 있습니다. 진출하기 어려운 시장을 뚫고 들어간다는 어감을 표현하려면 enter 대신 break into를 활용할 수 있죠.

110

A How do companies survive these days with so many competitors around them?
B They've been forced to **turn out** more products than ever just to stay in business.

A 경쟁사가 그렇게 많은데 기업들이 요즘 어떻게 버티고 있지?
B 사업을 유지하기 위해 예전보다 더 많은 상품을 생산해야만 하는 상황이야.

> **SITUATION** 상품을 생산한다고 할 때
> (Okay) Our competitor is producing more low-priced products.
> (구동사) Our competitor is **turning out** more low-priced products

turn out도 여러 뜻을 지니죠. It turns out to be true.처럼 '결국 ~으로 판명나다'라는 뜻이 익숙한데요, 비즈니스에서는 상품을 생산한다는 의미로 잘 쓰입니다.

111

A They **give away** free samples from noon.
B Yeah, it's the highlight of my day.

A 정오부터 공짜 샘플을 나누어 준대.
B 응, 오늘의 하이라이트지.

> **SITUATION** 무료로 나누어 준다고 할 때
> Okay They distribute free samples at Costco.
> 구동사 They **give away** free samples at Costco.

away가 멀리 떨어져 있거나 다른 방향으로 이동한다는 의미를 지니죠. 그래서 give away는 어떤 것을 나누어 준다는 뜻이 됩니다. 특히 무료로 사은품을 준다고 할 때 등장하는 구동사입니다.

Also good to know

The products were so popular that they were flying off the shelves.
그 제품은 인기가 아주 좋아서 날개 돋힌 듯 팔렸다.

shelf가 상품을 두는 진열대를 의미하므로 fly off the shelves는 '진열대에서 날아 간다'는 말이 되겠죠. 그 정도로 상품이 빨리 잘 팔리는 모양을 일컫는 구동사입니다. 우리말 '날개 돋힌 듯 팔리다'와 발상이 비슷한 표현입니다.

컴퓨터, 장비

112

A Just **plug** your USB **into** the computer, and I'll drop in the file.
B Okay great. Let me just get my USB.

A USB를 컴퓨터에 꽂으면 내가 파일을 다운로드해 줄게.
B 좋아. USB 갖고 올게.

> **SITUATION** 전원을 연결한다고 할 때
> **Okay** Insert the plug of the computer and turn it on.
> **구동사** **Plug in** the computer and turn it on.

기기를 컴퓨터에 연결하는 경우 plug in 혹은 plug into라고 하고, 반대로 컴퓨터에서 뽑는 경우에는 plug out이라고 표현하면 됩니다.

113

A I'm having a hard time setting up these new devices.
B Just match the colors on the dashboard and **connect up** the wires accordingly.

A 새 장치를 셋업하는데 힘드네.
B 보드에 표시된 색깔에 맞춰서 선을 연결하면 돼.

> **SITUATION** 선을 연결한다고 할 때
> **Okay** Just affix this ethernet to your laptop.
> **구동사** Just **connect up** this ethernet to your laptop.

앞서 설명했듯, 동사만 써도 의미가 충분할 것 같은데 추가로 up을 붙여 구동사를 만드는 경우가 많습니다. 선을 연결한다고 할 때도 connect에 up을 붙여 connect up이라고 말할 수 있습니다.

114

A I don't know why this computer is taking so long to **boot up**.
B Hmm. Is it installing something?

A 이 컴퓨터 부팅하는데 왜 이렇게 오래 걸리나 모르겠어.
B 뭔가 인스톨하고 있나?

SITUATION 컴퓨터를 부팅한다고 할 때

- `Okay` This computer takes so long to start.
- `구동사` This computer takes so long to **boot up**.

외래어 부팅은 booting에서 나온 말이죠. 부팅을 하는 경우도 boot이라고만 말하지 않고, up을 붙여 boot up이라고 말하는 것이 일반적입니다.

Also good to *know*

You can clear away unnecessary files to speed up your system.
컴퓨터 속도를 높이려면 불필요한 파일을 지우면 돼.

away가 소멸을 의미하므로 clear away는 어떤 것을 지워 없앤다는 뜻을 지닙니다. 컴퓨터에서 불필요한 파일을 삭제한다고 할 때 쓸 수 있는 구동사입니다.

컴퓨터, 장비

115

A The construction work outside is so noisy that I can hardly hear the music.
B Try to **crank up** the volume as high as you can.

A 밖에서 공사하는 소리가 너무 커서 음악을 들을 수가 없네.
B 볼륨을 최대한 올려 봐.

> **SITUATION** 볼륨을 올린다고 할 때
> **Okay** Will you increase the volume? I love this song.
> **구동사** Will you **crank up** the volume? I love this song.

볼륨을 높인다고 할 때 기본 구동사 표현은 turn up the volume입니다. turn 대신 crank를 활용하여 표현할 수도 있는데요, crank는 기계나 모터가 처음 움직이도록 돌릴 때 쓰는 기구를 말하는데, 기계를 돌리거나 볼륨을 높이는 것을 묘사하는 동사로도 쓰입니다.

116

A I was taking my baby for a walk in the park, when suddenly the stroller **fell apart**.
B You should've known the quality of that stroller was low when you purchased it on sale.

A 아이 데리고 공원 산책을 하는데 갑자기 유모차가 부서지더라고.
B 세일할 때 사면 품질이 안 좋을 수도 있다는 생각을 했어야지.

> **SITUATION** 부품이 떨어져 나가거나 부서졌다고 할 때
> **Okay** I was just holding it in my hand, and it broke.
> **구동사** I was just holding it in my hand, and it **fell apart**.

apart가 떨어져 나가거나 분리되는 것을 표현하므로 fall apart는 부품이 부서지거나 떨어져 나간다는 말이 됩니다.

117

A My energy bills have increased ever since I bought this computer.
B If you **shut down** the computer before you go to bed, that should save some energy.

A 이 컴퓨터를 사고부터 전기료가 많이 나와.
B 컴퓨터를 끄고 자면 에너지가 절약될 거야.

> **SITUATION** 컴퓨터를 끈다고 할 때
>
> Okay Turn off the computer before you go to bed.
> 구동사 **Shut down** the computer before you go to bed.

shut down은 원래 폐쇄한다는 말인데, 컴퓨터의 전원을 끄는 경우 turn off대신 shut down이라고 말하기도 합니다.

Also good to know

I need to free up space before I can download this file.
이 파일을 다운 받기 전에 여유 공간을 좀 확보해야 해.

free up은 자유롭게 하거나 여유있게 만든다는 뜻입니다. 컴퓨터 드라이브의 여유 공간을 확보한다고 할 때도 활용할 수 있는 구동사입니다.

QUICK QUIZ 2

* 우리말을 영어로 옮길 때 빈 칸에 들어갈 가장 적당한 표현을 고르세요.

1 마음을 다잡고 열심히 해서 오늘 리포트를 끝내야겠어.

I'm going to _____ _____ and finish this report today.

① buckle up   ② buckle down
③ buckle in   ④ buckle on

2 본격적으로 일 얘기를 합시다.

Let's _____ _____ to business.

① get up   ② get down
③ get in   ④ get on

3 행사를 앞두고 경비가 강화되었어.

Security was _____ _____ before the event.

① cowed up   ② beefed up
③ pigged up   ④ foxed up

4 시험볼 때 부정행위를 하고 안 걸릴 수는 없을 거야.

I don't think you'll be able to cheat on the exam and _____ _____ _____ it.

① get up on   ② get down on
③ get away with   ④ get out for

5 내일 쉬어도 되나요?

Can I take tomorrow _____?
① over   ② in
③ out   ④ off

6 회사에서 높은 지위에 오르고 싶다면 자신을 홍보하는 법부터 알아야 해.

If you want to move up the _____ _____, first you need to know how to promote yourself.
① corporate ladder   ② company position
③ higher places   ④ corporate positions

7 아직 자동차 할부금 갚고 있어.

I'm still paying _____ my car.
① on   ② in
③ out   ④ off

8 책을 집어 들자마자 페이지가 다 떨어져 나갔어.

Pages of the book _____ _____ as soon as I picked it up.
① broke down   ② came out
③ fell apart   ④ went down

해 설

1. 어려움을 참고 노력하는 모습을 knuckle down 혹은 buckle down이라고 합니다.

2. get down to ~는 본격적으로 어떤 일을 논의하거나 진행한다는 뜻입니다. get down to business처럼 쓰이는 경우가 많죠.

3. 인력이나 시스템을 강화하는 것을 beef up이라고 합니다.

4. get away with ~라고 하면 ~와 같은 일을 하고 도망친다는 뜻입니다. 잘못된 행동을 하고 그에 대한 대가를 치르지 않는다고 할 때 등장하는 구동사죠. get away with murder처럼 표현하기도 합니다.

5. 어떤 시간 동안 일을 하지 않거나 쉬는 경우 take ~ off라고 말합니다.

6. 회사에서 직급이 올라가는 것을 사다리를 오르는 모양에 빗대어 말할 수 있습니다. 그래서 move up the corporate ladder라고 표현하죠.

7. 빚을 조금씩 줄이는 것이므로 소멸을 의미하는 off를 활용하여 pay off라고 하면 됩니다.

8. 어떤 물건의 일부분이 떨어져 나가면서 망가지는 모습을 fall apart라고 표현합니다.

정 답

1② 2② 3② 4③ 5④ 6① 7④ 8③

QUICK QUIZ 2

학습
학교생활

학습

학교 생활

학습

118

A I was **flipping through** an art book this morning.
B Did you like it? I really don't understand contemporary art.

A 오늘 오전에 예술에 관한 책을 뒤적여 봤어.
B 마음에 들었어? 난 현대 예술은 진짜 모르겠더라.

SITUATION 책을 훑어 본다고 할 때

- **Okay** I turned the pages of the book quickly, but it didn't look so interesting.
- **구동사** I **flipped through** the book, but it didn't look so interesting.

through가 통과한다는 뜻을 지니므로, 마치 책을 통과하듯이 훑어 보는 모양을 read through라고 표현할 수 있습니다. 기본 구동사가 read through이고 책장을 넘기는 모양에 따라 skim through, sift through, flip through 등 다양하게 표현할 수 있죠. skim은 skip과 비슷한 의미로 책장을 빨리 넘기면서 본다는 뜻이고, sift는 '체'를 뜻하므로 체로 걸러 내듯 촘촘히 보면서 넘어가는 모양을 말합니다. flip은 넘기거나 뒤집는다는 뜻이죠. 책장을 넘겨 가면서 빨리 내용을 훑는다는 어감을 표현합니다.

119

A Do you remember the first 10 minutes of the professor's lecture today?
B Yes, I made sure to **jot down** what I could as soon as he started speaking.

A 오늘 교수님 강의 내용 처음 10분 기억나?
B 응. 말씀 시작하시자마자 최대한 받아 적었어.

SITUATION 급히 받아 적는다고 할 때

- **Okay** Let me just write your name and number.
- **구동사** Let me just **jot down** your name and number.

write down은 받아 적는다는 뜻이죠. jot down은 write down과는 달리 짧은 내용을 급히 받아 적거나 끄적이듯 적는 것을 말합니다.

120

A I **stumbled upon** some valuable information we can use for our project.
B Awesome. Can you just send me the link?

A 우리 프로젝트에 쓸 수 있는 중요한 정보를 우연히 찾았어.
B 좋아. 링크 보내줄래?

SITUATION 어떤 정보를 우연히 찾았다고 할 때

- **Okay** I encountered some valuable information while surfing the Internet.
- **구동사** I **stumbled upon** some valuable information while surfing the Internet.

stumble은 원래 돌부리 같은 것에 걸려 넘어진다는 뜻입니다. stumble upon처럼 upon과 함께 쓰이는 일이 많은데요, 길 가다 돌부리에 걸리는 것처럼 우연히 어떤 정보나 사실을 발견하는 경우에도 stumble upon이라고 말할 수 있습니다.

학습

121

A What does "audacity" mean?
B I don't know Lindsey. Just **look it up**.

A audacity가 무슨 뜻이야?
B 나도 몰라. 그냥 찾아 봐.

> **SITUATION** 사전을 찾아 본다고 할 때
> `Okay` I'll look for the meaning of the word in the dictionary.
> `구동사` I'll **look up** the word in the dictionary.

어떤 정보를 그냥 보는 것이 아니라 사전이나 책에서 찾아 보는 경우 look up이라고 합니다. 예를 들어 '내가 찾아 볼게'는 I'll look it up.처럼 말하면 되죠. 영어를 공부하는 입장에서 사전을 찾아 본다는 말을 많이 하게 되는데, 위 예문을 활용하면 됩니다.

122

A Hey, you signed up for two crash courses for a TOEFL test.
B I have an examination soon, so I need to **brush up on** my English skills.

A 토플 시험 속성 강의를 2개나 신청했던데.
B 시험이 얼마 안 남아서 영어 실력을 다시 가다듬어야 해.

> **SITUATION** 다시 실력을 가다듬는다고 할 때
> `Okay` I need to improve my English skills.
> `구동사` I need to **brush up on** my English skills.

brush up은 먼지를 솔로 턴다는 뜻이죠. 오랫동안 쓰지 않아 녹이 슨 어떤 능력을 다시 가다듬는다고 할 때 brush up on ~이라고 할 수 있습니다.

123

A I sense a lot of distrust from the public with that politician.
B If you **delve into** his past career, you'll find that he's been involved in many scandals.

A 그 정치인에 대한 대중의 불신이 높은 것 같아.
B 과거 경력을 따져 보면, 많은 비리에 연루되었다는 사실을 알게 될 거야.

SITUATION 깊이 조사해 본다고 할 때

- Okay : I searched the Internet to examine his background.
- 구동사 : I searched the Internet to **delve into** his background.

delve는 깊은 곳에 들어 있는 어떤 것을 뒤지거나 찾는다는 말입니다. 그래서 delve into는 쉽게 찾아내기 힘든 정보나 사실을 탐구하거나 알아보는 것을 말하죠. 어떤 정보를 탐구하거나 캐낸다는 뜻으로 쓰면 됩니다.

She hired a private detective to dig into his past.
그녀는 그의 과거를 캐기 위해 사립 탐정을 고용했다.

위에서 설명한 delve into와 같은 의미로 dig into를 활용할 수도 있습니다. 뭔가를 깊게 연구해 본다고 할 때 우리말로 '파 본다'라고 말하는 것과 발상이 동일합니다.

학교생활

124

A I can't remember which books I **checked out** from the library and they're due today.
B If you check your online account, I'm sure you'll be able to find out there.

A 도서관에서 어떤 책을 대출했는지 기억이 안 나는데, 오늘이 반납일이야.
B 인터넷으로 계정을 확인해 보면 알아낼 수 있을 거야.

> **SITUATION** 도서관에서 책을 대출한다고 할 때
> **Okay** I can't remember which books I borrowed from the library.
> **구동사** I can't remember which books I **checked out** from the library.

check out은 '체크아웃 하다', 즉 호텔에서 계산을 마치고 떠난다는 뜻으로 익숙하죠. 도서관에서 책을 대출하는 경우에도 check out이라고 말합니다.

125

A Why are you in such a rush today?
B I have to **drop off** books at the library before it closes.

A 왜 그렇게 서둘러?
B 도서관 문 닫기 전에 책을 반납해야 해.

> **SITUATION** 대출한 책을 반납한다고 할 때
> **Okay** I have to return books to the library before it closes.
> **구동사** I have to **drop off** books at the library before it closes.

도서관에 책을 반납하는 경우 return이라고 해도 좋고 drop off라고 표현할 수도 있죠. pick up과 drop off를 서로 반대되는 의미를 지닌 하나의 짝으로 생각하고 활용하면 유용합니다. 사람을 차

에 태우는 것과 차에서 내려주는 것도 각각 pick up, drop off라고 하죠. 물건을 맡기고 찾는 경우에는 모두 활용할 수 있어서, 예를 들어 옷을 세탁소에 맡기고 찾는 경우도 각각 drop off, pick up 이라고 할 수 있습니다.

126

A The assignment isn't due until tomorrow, so why are you in such a rush?
B I have to **hand in** the report today, because I fly out on holiday tomorrow morning.

A 과제가 내일까지 마감도 아닌데 왜 그렇게 서둘러?
B 내일 아침에 비행기 타고 여행을 떠나는 터라 오늘까지 제출해야 해.

SITUATION 과제물을 제출한다고 할 때
- Okay I have to submit the report today.
- 구동사 I have to **hand in** the report today.

hand in은 제출한다는 뜻을 지니죠. 과제물을 제출한다고 할 때 hand in the report와 같이 표현하면 됩니다. 반대말 hand out은 여러 명에게 나눠 준다는 말입니다. 그래서 명사형 handout은 수업시간에 학생들에게 나눠 주는 프린트물을 일컫죠.

학교생활

127

A Once you **type up** the paper, please send it over to me for formatting.
B I'll send it first to my friend for copyediting and pass on his version to you thereafter.

A 페이퍼 다 썼으면 포맷을 맞추게 나한테 보내줘.
B 일단 내 친구한테 보내서 편집을 하라고 하고 끝나면 그 버전을 너한테 줄게.

SITUATION 과제물을 작성한다고 할 때

> **Okay** Once you write the paper, please send it over to me.
> **구동사** Once you **type up** the paper, please send it over to me.

역시 동사에 up을 붙여 의미를 강조하는 예입니다. 어떤 문서를 타이핑하는 경우 type up이라고 하죠. 보고서를 작성한다고 할 때 활용할 수 있는 구동사입니다.

128

A I thought you passed your class, so why do you look so depressed?
B I actually failed it, and my parents refused to **sign off on** my report card.

A 그 과목 합격한 것 같은데 왜 그렇게 침울해 보여?
B 사실은 합격 못 했어. 부모님이 성적표에 사인을 안 해주시겠대.

SITUATION 성적표에 부모님의 사인을 받는다고 할 때

> **Okay** My parents refused to endorse my report card.
> **구동사** My parents refused to **sign off on** my report card.

sign off는 서명을 통해 어떤 문서의 내용을 승인하는 것을 말합니다. 회사에서 sign off는 '결재하다'라는 뜻이죠. 'report card(성적표)를 sign off한다'는 우리로 따지면 성적표에 부모님의 도장

을 받는 것 정도를 말합니다.

129

A Danny, you are **dropping out** of college?
B Yeah, I just don't think it's for me.

A 대니, 너 학교 그만 둘 거니?
B 응, 나한테는 안 맞는 것 같아.

SITUATION 학교를 그만둔다고 할 때

- Okay: There are many successful businessmen who quit college.
- 구동사: There are many successful businessmen who **dropped out** of college.

drop out은 학교를 중퇴한다는 뜻입니다. drop out of the race처럼 꼭 학교가 아니더라도 중간에 어떤 일을 그만두는 경우 활용할 수 있죠. 명사형 dropout은 중간에 그만둔 사람을 말하므로 college dropout은 대학 중퇴자를 가리킵니다.

Also good to *know*

He pushes around other kids at school, but his parents don't seem to discipline him.
그 아이가 학교에서 다른 아이들을 괴롭히는데, 부모는 훈육을 하지 않는 것 같아.

push around는 직역하면 이리저리 밀치고 다닌다는 말인데요, 특히 학교에서 다른 학생들을 괴롭힌다는 뜻으로 쓸 수 있습니다. 다른 사람을 괴롭히는 학생을 (school) bully라고 하죠. bully는 동사나 명사로 모두 쓰이므로 push around를 한 단어로 bully라고 할 수 있죠.

생각 언어

- 생각, 판단
- 문제, 해결
- 동의, 반대, 비판
- 설명, 주장, 논의
- Quick Quiz 3

생각, 판단

130

A I've been so depressed by my breakup that I haven't slept for days.
B It's important to be out and about rather than at home to **brood over** your loneliness.

A 여자친구와 헤어지고 너무 우울해서 며칠째 잠을 못 자.
B 여기 저기 다니고 해야지 집에서 우울한 기분에만 빠져 있으면 안 돼.

SITUATION 골똘히 생각한다고 할 때

- Okay: He's been anxiously thinking about what she said for about a week.
- 구동사: He's been **brooding over** what she said for about a week.

어떤 일을 골똘히 생각한다고 할 때 쓰는 기본 동사는 think over입니다. 역시 think 자리에 다른 동사를 넣어 다양하게 표현할 수 있죠. mull over는 깊게 생각해 본다는 뜻이고, 안 좋은 일을 계속 생각한다는 의미를 표현하려면 brood over라고 할 수도 있습니다. brood는 원래 새가 알을 품는다는 뜻인데, 생각하는 모습을 알을 품는 모양에 빗대어 말하는 거죠.

131

A I think you should **sleep on it** before you make a decision.
B I'm pretty sure, but I guess one more night won't hurt.

A 결정을 내리기 전에 더 생각해 보는 게 좋을 것 같아.
B 마음을 거의 정했지만 하루 더 생각해서 나쁠 건 없겠네.

SITUATION 하루 더 생각해 보고 결정한다고 할 때

Okay You should take time to consider before you make a decision.
구동사 You should **sleep on it** before you make a decision.

어떤 문제에 대해 당장 결정을 내리지 않고 좀 더 생각해 보는 것을 sleep on something이라고 말합니다. 전치사 on을 썼으므로 직역하면 어떤 것 위에서 잔다는 뜻인데, 말하자면 어떤 문제를 깔고 자면서 더 생각해 본다고 이해하면 되죠. 하룻밤만 더 생각한다는 의미가 아니라 결정을 미루겠다는 뜻으로 쓰는 표현입니다.

132

A After the divorce, he **held onto** the idea that she would return to him.
B If he wants to be happy, he needs to let her go and start looking for a new partner.

A 그 사람은 이혼한 후에도 전 부인이 돌아올 거라는 생각을 계속 하고 있어.
B 행복해지고 싶다면 전 부인은 잊고 다른 사람을 찾아 보는 게 좋을 거야.

SITUATION 어떤 생각을 지니고 있다고 할 때

Okay Stop keeping the belief that you can do both.
구동사 Stop **holding onto** the idea that you can do both.

어떤 생각을 놓지 않고 끝까지 붙잡는다고 말할 때 hold onto the idea라는 표현을 쓸 수 있습니다. 위 예문처럼 부정적인 뉘앙스로 활용할 수도 있지만, 가치 있는 신념을 포기하지 않는다는 긍정적인 의미로 써도 좋습니다.

생각, 판단

133

A It's no use trying to persuade him to make an exception for you.
B He always was the type of person who'd **go by** the rulebook.

A 예외로 해달라고 그 사람 설득하려 노력해도 소용 없어.
B 항상 원칙대로 하려는 사람이더라고.

SITUATION 판단의 기준이라고 할 때
- Okay: Do you have any information to consider?
- 구동사: Do you have any information to **go by**?

'~에 의해'라는 뜻을 지닌 by를 썼으므로, go by는 '~에 의해 판단한다'는 말이 됩니다. 판단의 근거를 말할 때 something to go by와 같이 표현하죠. live by라고 하면 '~에 의해 살아간다'는 뜻이므로 something to live by는 삶의 원칙이나 지표가 되는 것을 말합니다. by의 쓰임에 주목할 표현들입니다.

134

A My mother went to the salon for a perm, and they burned her hair in the end.
B I bet she didn't **bargain for** that to happen!

A 엄마가 파마 하러 미용실에 가셨는데, 미용사가 머리를 태워 먹었지 뭐야.
B 그런 일이 일어나리라고 전혀 기대를 안 하셨을 텐데.

SITUATION 기대한다고 할 때
- Okay: That was much more than I expected.
- 구동사: That was much more than I **bargained for**.

bargain은 '바겐 세일'이라는 외래어에도 등장하는데, '거래'라는 뜻을 지닙니다. 하지만 bargain for는 '거래하다'가 아니라 어떤 것을 예상하거나 기대한다는 의미를 지니죠. 예를 들어 내가 예상한 것보다 더 많거나 적다고 할 때 more than I bargained for, less than I bargained for와 같이 표현할 수 있습니다.

135

A When I'm stressed, I often **toy with** the idea of starting up my own business.
B Actions speak louder than words. If you really want it to happen, take the risk!

A 스트레스를 받으면 내 사업을 시작하는 생각을 해 보곤 해.
B 말보다는 실행이 중요한 거야. 정말 그러고 싶으면 위험을 감수해야지.

SITUATION 어떤 생각을 해 본다고 할 때
- (Okay) I'm lightly considering the idea of getting a new car.
- (구동사) I'm **toying with** the idea of getting a new car.

어떤 것을 가지고 놀거나 장난을 친다고 할 때 play with가 기본 표현입니다. 마치 장난감을 가지고 놀듯 한다는 뜻으로 toy with라고 표현할 수도 있죠.

Also good to *know*

This will all boil down to what action the president chooses to take.
이건 결국 사장님이 어떤 행동을 취하느냐로 귀결될 일이야.

소금물을 끓이면(boil) 액체는 모두 날아가고 바닥에(down) 소금 결정만 남게 되죠. 이렇게 결국 가장 중요한 것만 남게 되는 상황을 boil down to라고 표현할 수 있습니다. '가장 중요한 것은 ~이다'라고 할 때 유용한 표현이죠.

문제, 해결

136

A Problems are **cropping up**, and now my savings are starting to run dry.
B You need to find a stable job and spend much less in the meantime.

A 이런 저런 문제가 생겨서, 저축해 놓은 돈이 말라가고 있어.
B 안정된 직업을 찾고 당분간 돈을 덜 써야지.

> **SITUATION** 문제가 발생한다고 할 때
> [Okay] New issues just arose, so I have to stay late.
> [구동사] New issues just **cropped up**, so I have to stay late.

어떤 일이 생긴다고 할 때 come up이 기본 표현이고 대신 crop up을 활용할 수도 있습니다. crop이 작물이나 곡물의 의미하죠. 곡물이 자라나듯 우후죽순으로 예상치 못하게 생겨나는 모습을 crop up이라고 합니다.

137

A I tried to figure out why last month's credit card invoice was so high, but it didn't **add up**.
B Take a look at your statement and you'll probably find the culprit.

A 지난달 카드 값이 왜 그렇게 많이 나왔나 이유를 찾고 있는데 뭔가 맞지가 않네.
B 이용 내역서를 보면 이유가 뭔지 알 수 있을 거야.

> **SITUATION** 숫자가 맞지 않는다고 할 때
> [Okay] The figures didn't calculate correctly.
> [구동사] The figures didn't **add up**.

add up은 말 그대로 숫자를 더한다는 뜻이지만, not add up은 더한 숫자가 맞지 않는다는 의미

도 지닙니다. 더 나아가 앞뒤가 맞지 않는 상황을 가리키기도 하죠. Things don't add up.이라고 하면 말의 앞뒤가 맞지 않는다는 뜻이 됩니다. 숫자와 상관이 없는 경우에도 활용 가능하죠.

138

A You need to **face up to** the consequences of your decision.
B Well, I don't think it's my fault.

A 네가 내린 결정의 결과를 직면해야 해.
B 난 여전히 내 잘못이 아닌 것 같아.

> **SITUATION** 어떤 사실을 직면한다고 할 때
>
> **Okay** You need to confront the consequences of your decision.
>
> **구동사** You need to **face up to** the consequences of your decision.

face가 얼굴을 의미하므로 face up to는 얼굴을 바로 대는 모양, 즉 어떤 문제를 회피하지 않고 직면하는 모습을 가리킵니다. 사실을 직시해야 한다는 우리말을 영어로 표현할 때 유용하죠.

문제, 해결

139

A As a woman in the corporate world, doesn't the constant discrimination discourage you?
B I've had to **grapple with** this problem my whole career, but it has yet to stop me.

A 회사 생활을 하는 여성으로서, 계속되는 차별 때문에 힘들지 않은가요?
B 회사 다니는 내내 이 문제와 씨름해 왔지만, 지금까지는 그 문제가 저를 가로막지 못했어요.

> **SITUATION** 어떤 문제와 씨름한다고 할 때
>
> **Okay** It's an issue I try to resolve.
> **구동사** It's an issue I have to **grapple with**.

문제를 다룬다고 할 때 deal with, cope with가 기본 표현입니다. '문제와 씨름하다'처럼 문제를 대하는 어려움을 강조하려면 wrestle with라고 할 수 있고, 문제를 붙잡고 노력한다는 의미를 강조하려면 grapple with라고 할 수도 있죠.

140

A He and I haven't talked ever since we had that argument.
B You're best friends, so I think you need to **sort out** the problem before it's too late.

A 그 말싸움을 한 다음부터 걔랑 말을 안 하고 있어.
B 둘이 절친이잖아. 너무 늦기 전에 문제를 해결해야지.

> **SITUATION** 문제를 해결한다고 할 때
>
> **Okay** We aren't leaving this room until we resolve the problem.
> **구동사** We aren't leaving this room until we **sort out** the problem.

sort out은 분류한다는 뜻입니다. '소팅하다'라는 외래어에 그 뜻이 잘 드러나 있죠. '분류하다'에서 나아가 어떤 문제를 해결한다는 의미도 지닙니다. 이 때는 문제를 해결한다는 뜻을 지닌 work out과 비슷합니다.

141

A Is it possible to find out where these suspicious charges to my account are coming from?
B Our team will work to **track down** the problem and contact you as soon as we've found it.

A 뭔가 의심스러운 내역이 청구되었는데 어떻게 된 건지 알 수 있을까요?
B 저희 팀이 어떤 문제인지 추적해서 확인하는 대로 연락드리겠습니다.

SITUATION 문제점을 찾아 낸다고 할 때
- **Okay** We need to find the problem first.
- **구동사** We need to **track down** the problem first.

track은 '자취'를 의미하죠. 자취를 따라 뭔가를 추적한다는 동사 뜻도 지닙니다. 그래서 track down은 문제의 원인을 규명하기 위해 꼼꼼히 따져보는 것을 의미합니다. '문제를 추적한다', '원인을 규명한다'는 뜻으로 쓰이죠.

문제, 해결

142

A I really disagree with you, and your arguments make me angry.
B Then let's try to **patch up** our differences of opinion and move on.

A 당신 의견에 동의할 수 없고, 당신의 주장에 화가 나는군요.
B 그렇다면 의견의 차이를 줄여 보고 계속 얘기합시다.

> **SITUATION** 의견 차이를 좁힌다고 할 때
> **Okay** Can we just remedy our differences first?
> **구동사** Can we just **patch up** our differences first?

patch는 옷을 기울 때 쓰는 헝겊조각을 말하죠. patch up은 헝겊 조각으로 옷을 깁는다는 데서 유래한 표현입니다. 옷을 수선하듯 의견 차이를 봉합하는 것, 차이를 줄이고 일을 수습하는 것을 patch up이라고 합니다.

143

A This is a complicated problem that I don't think we can solve anytime soon.
B We're pressed for time, so we need to involve everyone and **iron out** the problem.

A 곧 해결할 수 없는 복잡한 문제 같아.
B 시간이 없으니 모두 다 참여해서 문제를 줄여 보자.

> **SITUATION** 문제를 줄인다고 할 때
> **Okay** We can settle the minor details later.
> **구동사** We can **iron out** the minor details later.

여기서 iron은 다림질을 한다는 뜻입니다. 다림질을 통해 주름을 없애듯 차이점이나 문제점을 해

결하는 것을 iron out이라고 말하죠. 똑바로 편다는 뜻을 지닌 straighten을 활용하여 straighten out the problem이라고 해도 됩니다.

144

A Our companies' lawyers have been discussing that contract for months now.
B They're doing their best to **hammer out** a deal, but there seem to be many hurdles.

A 우리 회사 변호사들이 몇 달째 그 계약에 대해 논의하고 있어.
B 딜을 성사시키기 위해 최선을 다하고 있는데, 넘어야 할 장애물이 많은가 봐.

> **SITUATION** 해결책을 내 놓는다고 할 때
> (Okay) We were able to reach an agreement through negotiation.
> (구동사) We were able to **hammer out** an agreement.

대장간에서 해머로(hammer) 두드려 연장을 만들어 내는(out) 모습을 연상하면 됩니다. 연장을 만들듯 해결책을 도출해 내는 것을 hammer out이라고 하죠. 해머질을 많이 해야만 연장이 만들어지듯, 오랜 노력 끝에 결론을 도출한다는 어감을 지닙니다.

동의, 반대, 비판

145

A Even though I knew it couldn't succeed, I **played along** with my husband's plan to strike it rich.
B You really should wake that man up and tell him to find a job.

A 큰 돈을 벌겠다는 남편의 계획이 성공하기 힘들 거라는 걸 알면서 동조해 줬어.
B 정신 차리고 취업 하라고 말해 줘야 해.

> **SITUATION** 상대의 생각에 맞장구를 친다고 할 때
> **Okay** I pretended to cooperate with my boss's plan.
> **구동사** I **played along** with my boss's plan.

along은 함께 하거나 따라 한다는 뜻이죠. play along은 함께 놀거나 연주한다는 뜻인데, 상대방의 계획이나 생각에 맞장구를 쳐준다는 뜻으로도 쓰입니다.

146

A So, have you found a temporary replacement for your totaled car?
B We decided to **take** John **up on his offer** for now and save ourselves the expense of a rental.

A 박살난 네 자동차 대신 잠시 쓸 차를 찾았니?
B 일단 존의 제안을 받아 들이고 자동차 렌트하는 비용을 줄이기로 했어.

> **SITUATION** 제안을 받아들인다고 할 때
> **Okay** We decided to accept John's offer.
> **구동사** We decided to **take** John **up on his offer**.

take가 받아 들인다는 뜻을 지니므로 누군가의 제안을 받아들인다면 take his offer라고만 말해도 되죠. 하지만 앞서 설명한 대로 원어민들은 up을 붙인 구동사를 빈번히 쓰기 때문에, take him up on his offer처럼 받아들인다는 의미를 take up으로 표현하고 무엇을 받아들이는지를 on 뒤에 놓아 말하기도 합니다.

147

A Jane keeps **singling** me **out** and making it look like I am the problem.
B Did you talk to her about it?

A 제인은 계속 나를 지목해서 내가 문제인 것처럼 보이게 하고 있어.
B 제인한테 얘기해 봤니?

> **SITUATION** 한 사람을 지목해서 비난한다고 할 때
> **Okay** He picked me and put the blame on me.
> **구동사** He **singled** me **out** and put the blame on me.

single이 '단 하나'를 말하죠. single out은 '단 하나를 지칭하다', '하나를 끄집어 내다'라는 뜻입니다. 보통 어떤 한 사람을 선택하거나 지정하는 경우에 쓰이죠. 단순히 한 사람을 지정한다는 의미를 넘어 지정한 사람을 비난하거나 그 사람의 잘못만을 부각시킨다는 뜻으로 쓰이기도 합니다.

동의, 반대, 비판

148

A The boss promised to compensate me for my overtime, but I'm not sure I can trust him.
B He never **goes back on** his word, so there's no need for you to doubt him.

A 사장님이 야근한 것 보상해 주겠다고 약속했는데, 믿어도 되나 확신이 안 서.
B 말을 바꾸는 일은 없는 분이니 의심하지 않아도 될 거야.

SITUATION 말을 바꾼다고 할 때
- **Okay** He never breaks his promises.
- **구동사** He never **goes back on** his word.

go back은 거꾸로 간다는 뜻이죠. 무엇에 대해 거꾸로 가는지는 on 다음에 표현합니다. 예를 들어 go back on one's word라고 하면 자신이 한 말을 뒤집는다는 뜻이 됩니다.

149

A Everyone in our group should've shared the blame, but the criticism was **levelled at** Jane.
B The teacher has always disliked her for some reason, so it's not a surprise.

A 우리 그룹의 모든 사람이 비난을 받아야 할 일이었는데 제인한테만 비판이 집중되었어.
B 선생님이 무슨 이유인지 제인만 싫어했으니 놀랄 일도 아니지.

SITUATION 어떤 사람을 비난한다고 할 때
- **Okay** The criticism was pointed at Grace.
- **구동사** The criticism was **levelled at** Grace.

level은 외래어 '레벨'로 익숙하지만, 동사로 어떤 것을 겨누거나 어떤 방향을 향한다는 뜻도 지닙니

다. level이 원래 평평하다는 뜻을 지니므로 총을 평평히 놓아 표적을 겨누는 모습을 생각하면 이해가 쉽죠. 특히 비난이 어떤 사람을 향한다고 할 때 level at을 활용할 수 있습니다.

150

A I try to gently push her to move on, but she refuses to accept that he's not coming back.
B She's still in shock, but I'm sure with time she'll **come around to** reality.

A 그녀에게 이제 잊고 앞으로 나아갈 때라고 살짝 압력을 가했는데, 그가 돌아오지 않을 거라는 사실을 받아들이지 않네.
B 아직 충격이 다 가시지 않아서 그래. 하지만 시간이 되면 현실을 깨달을거야.

SITUATION 결국 이해하고 동의하게 된다고 할 때
- Okay: She'll eventually accept my way of thinking.
- 구동사: She'll **come around to** my way of thinking.

아주 기본적인 단어로 이루어져 있지만 그런 단어들이 모여 예상과 다른 뜻을 지니는 구동사들이 있죠. 그래서 구동사 학습이 어렵게 느껴집니다. 여기 나오는 come around to도 그런 예인데요, 지시적인 의미는 '~로 돌아 온다'이지만 '결국 이해하게 된다', '결국 화해한다'라는 비유적인 의미로도 활용됩니다.

동의, 반대, 비판

151

A No matter what evidence I showed him, he **stood by** his opinion until the end.
B He's always been a stubborn person, so I'm afraid you wasted your time.

A 그 사람한테 어떤 증거를 보여줘도 끝까지 자기 생각을 고수하네.
B 언제나 완고한 사람이라서 네가 시간 낭비만 한 게 아닌가 걱정된다.

SITUATION 어떤 입장을 지지한다고 할 때

- **Okay** I will firmly support his opinion until the end.
- **구동사** I will **stand by** his opinion until the end.

stand by는 '옆에 서다'라는 뜻이죠. 비유적으로 어떤 입장을 지지한다는 말도 됩니다.

152

A During the dictatorship, no one dared to **stand against** the president's wishes.
B Who could blame them, when to do so could have cost them their lives?

A 독재 정부 시절에는 아무도 대통령이 바라는 바를 거역할 엄두를 내지 못했어.
B 그러려면 목숨을 걸어야 할 상황이었는데, 그 사람들 비난할 일이 아니지.

SITUATION 어떤 의견에 반대한다고 할 때

- **Okay** No one dared to challenge the king's wishes.
- **구동사** No one dared to **stand against** the king's wishes.

옆에 선다는 뜻인 stand by가 어떤 입장을 지지한다는 말이므로, 맞서서 서거나 반대 방향에 선다는 뜻인 stand against는 반대한다는 말이 되겠죠. 어떤 사람의 의견에 반대한다고 할 때 쓸 수 있는 구동사입니다.

153

A What did the boss say about your proposal to hire a celebrity as our company's new model?
B She **shot it down**, saying that we're still in the red and have to tighten our belt.

A 유명인을 회사 모델로 쓰자는 네 제안에 사장님이 뭐라고 하셨니?
B 우리 회사는 아직 적자이고 허리띠를 졸라 매야 할 때라면서 받아들이지 않으시더군.

SITUATION 의견에 반대한다고 할 때

> Okay — My proposal was harshly dismissed in the meeting.
> 구동사 — My proposal was **shot down** in the meeting.

shoot down은 쏘아 떨어뜨린다는 뜻입니다. 사물이 아니라 '입장'이나 '의견'을 shoot down한다고 하면 그 입장이나 의견을 받아들이지 않고 무시한다는 말이 되죠.

Also good to *know*

My mother chewed me out for staying out too late last night.
어제 밤에 늦게까지 안 들어왔다며 어머니는 나를 심하게 나무라셨다.

chew는 씹는다는 뜻이죠. chew out은 심하게 나무란다는 의미입니다. 우리말로 누구를 비난한다고 할 때 '씹는다'라고 말하는 것과 비슷합니다. 비격식적인 표현이므로 활용에 주의해야 합니다.

설명, 주장, 논의

154

A Have you ever applied for a driver's license?
B No, please **walk** me **through** the process so I can understand.

A 운전면허 신청 해 본 적 있어요?
B 아니오. 제가 이해할 수 있게 절차 좀 가르쳐 주세요.

> **SITUATION** 절차를 자세히 설명해 준다고 할 때
>
> (Okay) I am new to this program. Can you explain it to me?
> (구동사) I am new to this program. Can you **walk** me **through** it?

walk somebody through ~라고 하면 사람을 데리고 다니거나 산책을 시켜 준다는 뜻이죠. 데리고 다니며 길을 안내하듯, 어떤 과정이나 절차를 차근차근 설명해 주는 것을 일컫기도 합니다. 과정과 절차를 자세히 설명해 준다고 말할 때 유용한 구동사입니다.

155

A My son has been fighting with other children at school, and I'm about to lose my patience.
B Let's **talk through** the issue and see if we can come to a reasonable solution.

A 아들이 학교에서 다른 아이들이랑 계속 싸움질인데, 정말 더 못 참겠어.
B 합리적인 해결책은 없는지 한번 자세히 얘기해 보자.

> **SITUATION** 자세히 논의한다고 할 때
>
> (Okay) There are some issues we need to discuss.
> (구동사) There are some issues we need to **talk through**.

through는 '통과'를 의미하죠. 그래서 talk through는 어떤 주제나 문제에 대해 속속들이 이야기를 나누는 것을 말합니다. 역시 through를 활용하여 think through an issue라고 하면 어떤 문제를 속속들이 자세하게 생각해 보는 것을 말하죠.

156

A Once again, Annie came home drunk. Do you just let her run free?
B No, but I couldn't **get through to** my daughter that she shouldn't go to the party.

A 애니가 또 술을 마시고 집에 왔어. 그렇게 마음 놓고 다니게 내버려 둘 거야?
B 아니. 하지만 딸아이한테 파티에 가지 말라고 설득할 수가 없었어.

> **SITUATION** 설득한다고 할 때
> `Okay` She didn't understand the reasoning.
> `구동사` The reasoning just didn't **get through to** her.

앞서 전화 연결이 되지 않는다고 할 때 not get through를 활용했죠. get through to는 공간상으로 어떤 곳에 도달한다는 뜻뿐 아니라 비유적으로 어떤 사람의 마음에 도달하다, 즉 어떤 사람을 설득하고 이해를 구한다는 의미도 지닙니다.

설명, 주장, 논의

157

A Why is your daughter so angry with you for not taking her to the amusement park?
B It's raining too hard and I tried to **reason with** her, but she doesn't want to do anything else.

A 놀이동산에 데려가지 않는데 딸 아이가 왜 그렇게 화를 내나요?
B 비가 너무 많이 와서 설득하려고 했지만, 다른 건 영 관심이 없네요.

> **SITUATION** 설득한다고 할 때
>
> **Okay** He tried to make me understand, but I was just too angry to listen.
> **구동사** He tried to **reason with** me, but I was just too angry to listen.

reason은 '이유'뿐 아니라 '이성'이라는 뜻도 지니죠. reason with는 어떤 사람이 이성적으로 생각하도록 설득한다는 말입니다. 설득한다는 뜻으로 익숙한 persuade와는 달리, 상대방이 합리적으로 생각하도록 설득한다는 뉘앙스를 지닙니다.

158

A Where in the contract does it state that notice must be given in advance?
B The rule is **set forth** in the second paragraph of Section A.

A 계약서 어디에 미리 통보를 해야 한다고 기술되어 있나요?
B A조 두 번째 단락에 명시되어 있습니다.

> **SITUATION** 어떤 규정을 명시한다고 할 때
>
> **Okay** The rule is stipulated in the second paragraph.
> **구동사** The rule is **set forth** in the second paragraph.

set forth는 직역하면 앞쪽으로 둔다는 뜻이죠. 의견이나 설명을 제시한다는 의미로 쓰이는데, 특히 '법 조항이나 규정에 ~라고 기술되어 있다'라고 할 때 유용한 구동사입니다.

159

A How will you explain yourself for this problem you've caused everyone?
B It may not be as bad as you think, so please **hear** me **out** on this.

A 네가 모든 사람에게 일으킨 문제에 대해서 어떻게 설명할래?
B 생각하시는 만큼 심각하지 않을 수도 있으니 일단 제 말을 다 들어 보세요.

SITUATION 얘기를 끝까지 듣는다고 할 때

- Okay: Please listen to my reasoning on this.
- 구동사: Please **hear** me **out** on this.

hear somebody라고 하면 누군가가 하는 말을 듣는다는 뜻이죠. out을 붙여 hear somebody out이라고 하면 누가 하는 말을 끝까지 듣는다는 표현이 됩니다. out을 붙여 완결의 의미를 전달하고 있죠.

Also good to *know*

Let's talk it out and see what ideas we can come up with.
할 수 있는 얘기를 다 해서, 우리가 어떤 아이디어를 내 놓을 수 있는지 봅시다.

앞서 설명한 대로 동사 뒤에 it out이 붙는 구동사 패턴이 많이 쓰입니다. 주로 뭔가를 철저히 한다는 의미가 되므로, talk it out은 '얘기를 다 해 본다', '얘기를 끝까지 한다'는 말이죠. 철저히 논의한다고 할 때 쓸 수 있는 구동사입니다.

설명, 주장, 논의

160

A I was fumbling my words, but I think I **got** my message **across**.
B You must have been really nervous.

A 좀 버벅거리긴 했어도 내 메시지는 전달한 것 같아.
B 많이 긴장했었나 보다.

> **SITUATION** 뜻을 전달한다고 할 때
> **Okay** I managed to convey my messages.
> **구동사** I managed to **get** my messages **across**.

across는 공간을 가로지른다는 뜻이죠. 그래서 get one's message across라고 하면 메시지를 전달한다는 말이 됩니다. 어떤 뜻을 전달한다고 할 때 유용한 구동사입니다.

161

A Your son told you he was sick, so why did you punish him for skipping school?
B He **made up** the whole story just so he could stay home and play video games.

A 아이가 아프다고 했는데 왜 학교 안 갔다고 꾸중했어요?
B 집에서 비디오 게임 하려고 다 꾸며 낸 이야기예요.

> **SITUATION** 얘기를 꾸며 낸다고 할 때
> **Okay** She fabricated the whole story.
> **구동사** She **made up** the whole story.

make up은 외래어 '메이크업'에서 보듯 화장을 한다는 뜻으로 익숙하죠. 어떤 이야기를 꾸며 낸다고 할 때도 make up을 쓸 수 있습니다.

162

A Did you learn anything interesting at the seminar yesterday?
B No, the presentation **centered around** issues I already know much about.

A 어제 세미나에서 뭐 좀 흥미로운 사실 배운 것 있어요?
B 아니요. 프레젠테이션이 제가 이미 잘 알고 있는 문제들을 다루더라고요.

> **SITUATION** 어떤 내용을 중점적으로 다룬다고 할 때
>
> **Okay** The presentation was about the issues I wasn't familiar with.
>
> **구동사** The presentation **centered around** issues I wasn't familiar with.

어떤 일이 ~을 중심으로 발생한다고 할 때 center around라는 표현을 쓸 수 있습니다. 일이 발생하는 경우뿐 아니라 어떤 주제를 중점적으로 다룬다고 할 때도 활용할 수 있는 표현이죠. 달리 center on이라고 해도 ~을 논의의 중심으로 삼는다는 말이 됩니다.

Also good to *know*

We should think it through before we make such an important decision.
그런 중요한 결정을 내리기 전에 그 문제를 깊게 생각해 보아야 한다.

through는 관통을 의미하므로 through를 활용하여 구동사를 만들면 보통 어떤 것을 철저히 해 본다는 뜻이 됩니다. 깊고 자세히 생각해 본다고 할 때 think through라고 표현할 수 있습니다.

QUICK QUIZ 3

*우리말을 영어로 옮길 때 빈 칸에 들어갈 가장 적당한 표현을 고르세요.

1 내가 원하는 정보를 찾기 위해 책장을 빠르게 넘겼다.

I flipped _____ the pages to find the information I wanted.

① on ② after
③ through ④ along

2 그 단어를 사전에서 찾아 봤는데 안 나오더라고.

I looked _____ the word in the dictionary but couldn't find it.

① about ② up
③ out ④ down

3 수퍼마켓 가는 길에 이 옷 좀 세탁소에 맡길래?

Will you _____ off the laundry on your way to the supermarket?

① drop ② leave
③ give ④ pick

4 옛날에 저지른 실수들을 너무 생각하지 마.

Stop brooding _____ your past mistakes.

① in ② off
③ out ④ over

5 교통사고를 당해서 늦었다는 그의 말은 앞뒤가 맞지 않았다.

His story about having a traffic accident and being late just didn't _____ up.

① show ② talk
③ add ④ make

6 작은 갈등은 봉합하고 합의를 도출해 봅시다.

Let's _____ up our minor differences and reach an agreement.

① move ② live
③ patch ④ go

7 선생님이 나만 지목해서 꾸중을 하셨다.

The teacher _____ me out for punishment.

① chose ② pushed
③ singled ④ blamed

8 절차를 좀 자세히 설명해 주실 수 있나요?

Will you please _____ me through the process?

① explain ② tell
③ walk ④ buy

해 설

1. through가 통과를 의미하므로 책을 관통하듯 빨리 책장을 넘겼다는 말은 flip through라고 표현하면 됩니다.

2. 어떤 정보를 찾아보는 경우 look up이라고 표현합니다.

3. 우리말 '맡기다'는 drop off, '맡긴 물건을 찾다'는 pick up이라고 생각하면 됩니다.

4. brood over는 주로 안 좋았던 일을 계속 생각하는 모습을 표현합니다.

5. add up은 다 더한 숫자가 맞아 떨어진다는 뜻인데, 이야기의 앞뒤가 맞거나 맞지 않는다고 할 때도 잘 활용됩니다.

6. patch가 헝겊 조각을 의미하고 patch up은 헝겊 조각을 덧대어 수선하는 것을 말합니다. 비유적으로 차이나 갈등을 해소하는 것을 뜻하죠. '화해하다' 정도 의미로 쓰입니다.

7. single out은 한 사람을 지목해 낸다는 뜻입니다.

8. walk through는 어떤 장소를 같이 걸어 가듯 어떤 절차를 자세히 알려준다는 뜻으로 쓰입니다.

정 답

1③ 2② 3① 4④ 5③ 6③ 7③ 8③

QUICK QUIZ 3

감정

안정, 만족
흥분, 불만족
의존

안정, 만족

163

A A lot of people try to get married and **settle down** while they're still young.
B With so much to see in the world, how can anyone even think about that before they're old?

A 많은 사람들이 아직 젊을 때 결혼해서 안정된 삶을 살려고 해.
B 세상에 볼 게 아주 많은데, 나이 먹기도 전에 어떻게 그럴 생각을 하지?

SITUATION 안정감을 느끼며 살아간다고 할 때
- Okay: I want to get married and start a home in my thirties.
- 구동사: I want to get married and **settle down** in my thirties.

settle down은 원래 어떤 장소에 정착한다는 의미지만, 심리적인 정착, 즉 심리적 안정을 표현하는 말로도 쓰입니다. 특히 결혼하고 가정을 꾸려 안정되게 산다는 말을 할 때 잘 등장하죠.

164

A I know it's not ideal, but we need to **settle on** the decision.
B I still think we can push a little more.

A 이상적이지는 않지만 그렇게 결정해야 해.
B 좀 더 할 수 있지 않을까 하는 생각이 여전히 드네.

SITUATION 결정한다고 할 때
- Okay: It's not ideal, but we need to accept it.
- 구동사: It's not ideal, but we need to **settle on** it.

정착한다는 뜻을 지닌 동사 settle 뒤에 on을 붙이면 '~라는 결정을 내리다'라는 뜻이 됩니다. ~라는 결정에 정착한다는 의미에서 나온 표현이라고 이해하면 되죠. for를 붙여 settle for의 형태로 쓰이기도 하는데, '기대에는 못 미치지만 ~에 만족하다'라는 어감을 지닙니다. settle on과는 약간

의 뉘앙스 차이가 있죠.

165

A In spite of his injury, he's been overexerting himself to hide his disability.
B That's why the coach told him to **ease up** a bit before he injures himself further.

A 부상을 숨기려고, 다쳤는데도 무리를 했어.
B 그래서 코치가 더 큰 부상을 당하기 전에 무리하지 말라고 말한 거야.

> **SITUATION** 무리하지 않는다고 할 때
> `Okay` I'll try to make him relaxed a little bit.
> `구동사` I'll try to make him **ease up** a little bit.

ease는 익숙함이나 편안함을 의미하죠. up을 붙인 구동사 ease up은 긴장을 완화하거나 속도를 늦추는 것처럼 뭔가를 약하게 만든다는 뜻으로 쓰입니다.

Also good to know

Cool off and count to ten before you say something you'll regret.
후회할 것 같은 말을 하기 전에 일단 진정하고 열까지 세어 봐.

흥분하지 말고 진정하라고 할 때 calm down이라는 구동사가 익숙하죠. 비슷한 의미로 cool off도 자주 등장합니다. 말 그대로 열기를 식히라는 뜻이죠. 특히 화를 내지 말라는 의미로 잘 쓰입니다.

안정, 만족

166

A I can't seem to **shake off** this nagging feeling that I forgot to turn off the stove.
B Well, if it bothers you so much, go back to the house and make sure.

A 스토브를 안 끄고 나온 것 같은 생각이 계속 드는데 떨쳐 버릴 수가 없네.
B 그렇게 신경 쓰이면 집에 가서 확인해 봐.

> **SITUATION** 어떤 감정을 떨쳐 버린다고 할 때
> **Okay** I need to end this persistent feeling that I'm doing something wrong.
> **구동사** I need to **shake off** this nagging feeling that I'm doing something wrong.

shake off는 안 좋은 감정이나 생각을 떨쳐 버린다는 뜻입니다. nagging은 원래 nagging wife 처럼 잔소리를 한다는 뜻으로 쓰이지만, 안 좋은 감정이 사라지지 않고 남아 괴롭히는 경우에도 활용할 수 있죠. 위 예문의 nagging feeling처럼요.

167

A He's a macho guy, but even he couldn't **fight back** the tears.
B Who could blame him? That movie will make even the toughest people cry.

A 그 사람 마초 스타일인데, 그조차도 눈물을 참을 수 없었어.
B 그 사람 탓이 아니지. 진짜 터프가이들도 그 영화를 보면 울게 될 거야.

> **SITUATION** 어떤 감정을 억누른다고 할 때
> **Okay** I'm trying to avoid crying, but I can't help it.
> **구동사** I'm trying to **fight back** the tears, but I can't help it.

fight back은 말 그대로 어떤 것을 싸워 물리친다는 뜻인데, 특히 눈물을 참는 것을 fight back이라고 할 수도 있습니다. hold back the tears, hold the tears in, suppress the tears라고 해도 모두 눈물을 참는다는 뜻입니다.

168

A The boss wants me to speak at the convention, but I don't **feel up to** it.
B Well, you do have the skill, so it's just a matter of confidence.

A 사장님이 나보고 총회에서 연설을 하라는데, 내키지 않네.
B 충분한 능력이 있으니까 자신감 문제일 뿐이야.

> **SITUATION** ~할 마음이 내키지 않는다고 할 때
> **Okay** I'm supposed to make the presentation, but I don't feel confident.
> **구동사** I'm supposed to make the presentation, but I don't **feel up to** it.

feel up to ~는 '~할 마음이 생긴다'는 뜻입니다. 부정문으로 만들어 '~할 마음이 내키지 않는다'고 할 때도 활용할 수 있죠.

흥분, 불만족

169

A As his fiancee walked closer from the distance, his heart was **brimming over with** excitement.
B They hadn't seen each other in months, so it's only to be expected.

A 약혼녀가 멀리서 걸어 오니까 그 사람 마음이 기쁨으로 벅차 오르는 것 같더라.
B 몇 달 동안 못 봤으니 그럴 만도 하지.

> **SITUATION** 어떤 감정으로 가슴이 벅차오른다고 할 때
> **Okay** Her heart was full of excitement.
> **구동사** Her heart was **brimming over with** excitement.

brim은 그릇의 가장자리나 테두리 부분을 말합니다. 그 위치까지 액체가 담긴다면 그릇에 가득 찬 상태가 되죠. 그래서 brim over with는 '~로 가득차다'라는 뜻입니다. 어떤 감정으로 마음이 벅차 오른다고 할 때 잘 등장하는 표현입니다.

170

A I have this sudden rash on my body, and I'm terrified that it may be a disease.
B Stay calm and don't **freak out** over mere suspicion. See a doctor and find out what it really is.

A 몸에 갑자기 두드러기가 나는데, 병에 걸린 건 아닌지 겁이 나.
B 의심만으로 겁먹지 말고 일단 진정해. 의사한테 가서 정확히 알아 봐.

> **SITUATION** 어떤 일에 크게 놀란다고 할 때
> **Okay** Stay calm and don't panic.
> **구동사** Stay calm and don't **freak out**.

구어에서 많이 들을 수 있는 표현입니다. 어떤 사실을 두려워하거나 어떤 사실에 기겁을 하는 경우

freak out이라고 말합니다. 명사 freak은 소름끼치게 만드는 이상한 짓을 하는 사람이나 괴짜를 일컫죠.

171

A I'm trusting you to take care of this assignment in confidentiality.
B You know I always keep my secrets, so rest assured that I won't **let you down**.

A 이번 프로젝트를 비밀로 해 줄 거라고 믿네.
B 저는 비밀을 잘 지킵니다. 실망시켜 드리지 않을 테니 안심하십시오.

> **SITUATION** 실망시킨다고 할 때
> (Okay) Let me just finish the project. I won't disappoint you.
> (구동사) Let me just finish the project. I won't **let you down**.

let down는 어떤 사람을 실망시킨다는 뜻으로 빈번히 쓰이는 구동사입니다. 두 단어를 합한 명사 let-down은 실망스러운 일을 말하죠. 예를 들어 It was such a let-down.은 '아주 실망스러운 일이었어'라는 뜻입니다.

흥분, 불만족

172

A When I confessed that I had been seeing someone else, she **blew up** at me.
B She must've really been angry at you for lying to her all this time.

A 다른 사람 생겼다고 고백했더니 그녀가 엄청 화를 내더군.
B 그동안 계속 거짓말을 한 것 때문에 화가 났을 거야.

SITUATION 다른 사람에게 화를 낸다고 할 때
- **Okay** I don't know why she got upset with me.
- **구동사** I don't know why she **blew up at** me.

blow up의 기본 뜻은 '폭발하다'이죠. 우리말로도 불같이 화를 내는 것을 '폭발하다'라고 말하듯이, 어떤 사람에게 폭발하듯 화를 내는 경우 blow up at somebody와 같이 표현할 수 있습니다.

173

A I'm afraid to tell him his aunt passed away, because he may **break down** and cry.
B He was really close to her, which is all the more reason he has a right to know.

A 이모가 돌아가셨다는 소식을 전하면 감정을 주체 못하고 울까 봐 말을 못 하겠어.
B 특히 각별했으니까 알아야 할 이유가 충분하지.

SITUATION 슬픈 감정을 주체하지 못한다고 할 때
- **Okay** She lost control of her emotions and cried hearing that his father passed away.
- **구동사** She **broke down** and cried hearing that his father passed away.

앞서 차가 고장나 멈추는 것을 break down이라고 했죠. 기계가 멈추거나 고장나는 것처럼 사람의 감정이 주체하기 힘든 상태가 되는 경우에도 break down이라고 합니다. break down은 cry나 weep와 같은 단어와 잘 쓰이는데, 슬픔이나 충격으로 자신의 감정을 가누지 못하는 상태를 표현하기 때문이죠.

174

A I'm going to **work up** the courage to ask her out.
B Good luck!

A 용기를 내서 그녀에게 데이트 신청을 할 거야.
B 행운을 빌어!

SITUATION 용기를 낸다고 할 때
- Okay: I'm going to muster the courage to ask her out.
- 구동사: I'm going to **work up** the courage to ask her out.

work up은 어떤 에너지를 증폭시키거나 특히 용기를 북돋는다는 뜻으로 쓰입니다. '용기를 내어 ~을 한다'고 할 때 work up courage라고 표현할 수 있죠. work up energy, work up strength처럼 긍정적인 내용을 목적어로 취할 수도 있고, work up anger처럼 부정적인 감정을 증폭시킨다는 의미로도 쓰죠.

의존

175

A The last time I met you, you told me you were low on cash. Why haven't you searched for work?
B I can always **fall back on** my parents as soon as my savings run out.

A 지난번에 만났을 때 현금이 거의 없다고 했잖아. 왜 일자리를 찾지 않았어?
B 저축한 돈이 다 떨어지면 부모님한테 의존할 수 있거든.

SITUATION 의존한다고 할 때
- Okay : I can rely on my savings if anything ever happens.
- 구동사 : I can **fall back on** savings if anything ever happens.

의존한다고 할 때 우선 떠올리게 되는 표현이 depend on과 rely on이죠. 여기 나오는 fall back on도 빈번히 쓰입니다. 어려움에 처했을 때 의존하는 대상을 말하면서 자주 등장하죠.

176

A I have personal issues, and it feels like I have no one to **turn to** for help.
B If you aren't prepared to disclose them to anyone else, maybe you should see a counselor.

A 개인적인 문제가 있는데, 아무도 도움을 요청할 사람이 없네.
B 다른 사람에게 공개할 준비가 안 된 것 같으면, 카운셀러를 찾아 가는 게 어때?

SITUATION 의존한다고 할 때
- Okay : I can't consult anyone for help with finances.
- 구동사 : I can't **turn to** anyone for help with finances.

~에 의존한다는 의미로 turn to도 쓸 수 있습니다. turn to는 어떤 곳을 향한다는 의미인데, 어떤 사람에게 도움을 청하려면 그 사람 쪽으로 몸을 돌리는 일부터 해야겠죠. 그래서 turn to는 어떤

사람에게 의존한다는 의미가 됩니다. depend on, rely on, fall back on, turn to 등 의존한다는 뜻을 지닌 구동사로 문장을 만들 때, 도움 받는 내용은 for 다음에 넣습니다. turn to ~ for ~와 같은 형식으로 쓰이는 거죠.

177

A He graduated from college, but he's still **living off** his parents.
B Yeah, I think a lot of people do that now, as rent is so expensive.

A 그 사람 대학교를 졸업했는데도 여전히 부모님한테 얹혀서 생활하고 있어.
B 그러게. 요즘 집세가 비싸서 그런 사람들이 많더라고.

> **SITUATION** 경제적으로 의존한다고 할 때
> **Okay** He's over thirty but still relies financially on his parents.
> **구동사** He's over thirty but still **lives off** his parent.

off는 '~로부터'라는 의미도 지니죠. live off ~는 '~로부터 생계에 필요한 것들을 얻어서 산다'는 뜻입니다. 우리말 '빈대 붙다'와 같은 느낌을 주는 표현입니다. 의미를 강조하기 위해 거머리를 뜻하는 leech를 활용하여 leech off라고 말할 수도 있죠.

현상

- 발생, 시작
- 지속, 강화
- 변화, 소멸
- 원인, 결과
- Quick Quiz 4

발생, 시작

178

A When should we be at your house to watch the Super Bowl?
B The game **kicks off** at 2 PM, but we plan to have the snacks ready an hour earlier.

A 슈퍼볼 보러 몇 시에 가면 돼?
B 경기가 2시에 시작하지만 먹을 거는 한 시간 전부터 준비해 놓을 계획이야.

> **SITUATION** 행사를 시작한다고 할 때
>
> **Okay** The programmers' conference will begin tomorrow.
> **구동사** The programmers' conference will **kick off** tomorrow.

축구 경기를 시작하는 모습을 연상하면 됩니다. 공을 차서 경기를 시작하는 것처럼, 뭔가를 시작한다고 할 때 kick off라고 할 수 있죠. 축구 경기뿐 아니라 행사나 이벤트를 시작하는 경우에도 활용할 수 있습니다.

179

A As a startup company, there's much we need to do to make it in this industry.
B Our team is ready to **embark on** the long road ahead to beat the competition.

A 벤처 기업으로서 이 업계에서 성공하려면 해야 할 일이 많이 있어요.
B 저희 팀은 경쟁사를 앞서기 위한 긴 여정을 시작할 준비가 되어 있습니다.

> **SITUATION** 어떤 일을 시작한다고 할 때
>
> **Okay** I am leaving for my trip tomorrow.
> **구동사** I am **embarking on** my trip tomorrow.

embark on은 여행, 특히 긴 여행을 시작한다는 뜻입니다. 여행뿐 아니라 오랜 시간이 걸리는 중

요한 작업을 시작하는 경우에도 쓰입니다.

180

A Why has there been such a sudden increase in refugees from that country?
B A war **broke out** between their country and another, and now no one there is safe.

A 그 나라에서 오는 난민들의 수가 왜 갑자기 증가하는 거야?
B 다른 나라하고 전쟁이 나서 안전하지 않기 때문이야.

> **SITUATION** 큰 사건이 발생한다고 할 때
> (Okay) A war suddenly began between the two countries.
> (구동사) A war **broke out** between the two countries.

전쟁과 같은 큰 사건이 발발하는 경우 break out이라고 합니다. 앞에서는 break out을 얼굴에 뭐가 난다는 뜻으로 활용했죠.

발생, 시작

181

A How did your company get so successful, when only last year it was struggling to survive?
B My business **took off** when I decided to change my strategy and focus on the customer.

A 너희 회사는 작년만 해도 살아남기 위해 애쓸 정도였는데, 어떻게 그렇게 성공했어?
B 전략을 바꿔 소비자에게 집중하기로 하니까 사업이 도약하기 시작했어.

SITUATION 일이 잘 되기 시작한다고 할 때

- Okay: My business quickly became successful when I decided to change my strategy.
- 구동사: My business **took off** when I decided to change my strategy.

take off는 비행기가 이륙한다는 뜻으로 익숙하죠. 우리말로 '뜨다'가 성공하거나 알려진다는 뜻을 지니는 것과 비슷하게 take off도 성공하거나 인기를 얻는다는 말로 쓰입니다.

182

A Why did she quit her job, sell her house, and travel far away from civilization?
B I heard she **set off on** a spiritual journey to find out the meaning of life.

A 그녀는 왜 일을 그만두고 집도 팔고 문명에서 멀리 떨어진 곳으로 여행을 갔대?
B 인생의 의미를 찾기 위해 영적인 여행을 떠났다고 들었어.

SITUATION 어떤 일을 시작한다고 할 때

- Okay: She started a journey to find out the meaning of life.
- 구동사: She **set off on** a journey to find out the meaning of life.

set off는 여행을 시작한다는 뜻입니다. 닻을 펴고 항해를 시작한다는 뜻을 지닌 set sail과 함께 기억해 둘 만한 표현이죠. 그냥 set off만 써도 되고 embark on처럼 전치사 on을 붙여 set off on a journey와 같이 말하기도 합니다. set out on a journey처럼 표현하기도 하죠.

183

A We will **roll out** the product after it has been tested.
B We need to hurry up. I don't want the competitors to take away our opportunities.

A 테스트를 마친 후에 그 상품을 출시할 예정입니다.
B 서둘러야 해. 경쟁사들이 우리의 기회를 빼앗아가면 안 되거든.

> **SITUATION** 어떤 상품을 시장에 출시한다고 할 때
> **Okay** Our company will start selling the product in the market.
> **구동사** Our company will **roll out** the product.

roll out은 우리가 잘 아는 동사 launch와 같은 의미라고 생각하면 됩니다. '새 상품을 론칭(launching)했다'처럼 외래어로 잘 쓰여 익숙하죠. 상품을 시장에 출시하는 것뿐 아니라 어떤 캠페인을 시작하는 것도 roll out이라고 말할 수 있습니다. roll-out처럼 명사를 만들면 '출시'나 '개시'를 뜻하게 되죠.

지속, 강화

184

A Ecotourism is **catching on** lately, as people become more aware of the need to protect local communities.
B Yeah, there are many stories about the negative impacts caused by tourism development.

A 지역 사회를 보호할 필요성을 깨닫는 사람이 많아지면서 최근 생태 관광이 뜨고 있어.
B 그러게. 관광 개발의 부정적 영향에 관한 얘기들이 많이 있지.

> **SITUATION** 인기를 얻기 시작한다고 할 때
> - Okay : Ecotourism is becoming popular lately.
> - 구동사 : Ecotourism is **catching on** lately.

catch on은 어떤 것이 막 인기를 얻기 시작한다는 뜻입니다. 사물이나 현상 등이 인기를 얻거나 소위 '뜨기 시작한다'고 할 때 쓸 수 있는 구동사입니다.

185

A I've never tasted cake as delicious as this one!
B It's a recipe that's been **handed down** from generation to generation in my family.

A 이렇게 맛있는 케이크는 처음 먹어 봐요.
B 집안 대대로 내려오는 레시피로 만든 거예요.

> **SITUATION** 대대로 전해진다고 할 때
> - Okay : The recipe has been shared for generations in my family.
> - 구동사 : The recipe has been **handed down** for generations in my family.

hand down을 직역하면 아래로 전달한다는 뜻이죠. 공간상의 아래가 아니라 시간상의 아래, 즉 후대에 어떤 것을 물려준다고 할 때 쓸 수 있는 표현입니다.

186

A There aren't many people walking around the square today.
B Police have **tightened up** security in response to a bomb threat they received.

A 오늘 광장에 다니는 사람이 별로 없네.
B 폭탄 테러 위협에 대응하느라 경찰이 보안을 강화했어.

SITUATION 보안을 강화한다고 할 때
[Okay] Police have heightened security.
[구동사] Police have **tightened up** security.

말 그대로 좀 더 타이트하게(tight) 만든다는 뜻이죠. 테러에 대비하여 보안을 강화한다는 뉴스에 자주 등장하는 구동사입니다.

Also good to know

We need to bulk up security in advance of the president's visit.
대통령이 방문하기 전에 보안을 강화할 필요가 있다.

bulk가 큰 규모나 큰 부분을 의미하므로 bulk up이나 bulk out은 뭔가를 더 크게 만든다는 뜻이 됩니다. 어떤 시스템을 더 강화한다는 의미로 쓰이기도 하죠.

변화, 소멸

187

A The company's revenue has decreased due to low consumer demand for our products.
B We'll have to **scale back** our investments for now and find a quick solution to the problem.

A 우리 상품에 대한 고객 수요가 주는 바람에 매출이 감소했습니다.
B 투자 규모를 줄이고 문제에 대한 해결책을 빨리 찾아야 해.

> **SITUATION** 규모를 줄인다고 할 때
> **Okay** We'll have to reduce our investments for now.
> **구동사** We'll have to **scale back** our investments for now.

scale은 규모나 범위를 일컫는 단어죠. 동사로 활용하여 scale back이라고 하면 어떤 일의 규모나 범위를 줄인다는 뜻입니다. '줄이다'를 영어로 표현할 때 reduce, decrease, curtail 대신 쓸 수 있는 구동사입니다.

188

A I'm not sure how much longer that alcoholic can survive on his inheritance.
B I'm afraid his addiction will **eat into** what his father left him until it's all cleaned out.

A 그 알코올 중독자가 물려 받은 유산으로 얼마나 더 버틸 수 있을지 모르겠어.
B 알코올 중독 때문에 아버지가 물려 주신 재산 갉아 먹다가 빈털터리가 되지 않을까 걱정이야.

> **SITUATION** 잠식한다고 할 때
> **Okay** Medical bills have consumed much of my savings.
> **구동사** Medical bills have **eaten into** much of my savings.

eat into는 우리말 '잠식하다'에 해당하는 구동사입니다. 벌레가 나뭇잎을 파먹어 들어가는(into) 모양을 생각하면 이해가 쉽죠.

189

A Why did you ask her for a ride when you had your own car?
B The influence of the medicine hadn't **worn off**, so I was still drowsy.

A 네 차 있는데 왜 그분한테 태워 달라고 했어?
B 약 기운이 아직 남아 있어서 계속 졸리더라고.

SITUATION 약기운이 사라진다고 할 때

Okay   The influence of the medicine hasn't subsided.
구동사   The influence of the medicine hasn't **worn off**.

wear에는 닳아 없어진다는 뜻이 있죠. 그래서 wear out은 사람을 매우 지치게 만든다는 뜻을 지니고, wear off는 점차적으로 줄어 없어지는(off) 모습을 표현합니다. 특히 약기운이 사라지지 않는다고 말할 때 not을 붙여 활용할 수 있죠.

Also good to *know*

The current business model has not worked, so we are planning to phase it out.
지금 비즈니스 모델이 성과가 없어서 점차 퇴출시킬 예정입니다.

phase가 일이 진행되는 단계를 말하므로, phase out은 단계적으로 어떤 것을 없애거나 버린다는 뜻을 지닙니다. 한번에 버리는 것이 아니라 점차적으로 없앤다는 어감에 주목해야 합니다.

변화, 소멸

190

A Why do you always tour in the late afternoon instead of the early morning?
B By then, the number of tourists begins to **taper off** and the sites are less crowded.

A 이른 아침이 아니고 왜 꼭 늦은 오후에 관광을 다녀?
B 그 시간쯤 되면 관광객 수가 줄고 관광지가 덜 붐비거든.

> **SITUATION** 점점 약해진다고 할 때
>
> **Okay** The number of people began to decrease when it started to rain.
> **구동사** The number of people began to **taper off** when it started to rain.

taper는 위로 올라가면서 폭이 좁아지는 양초를 말합니다. 그 양초 모양처럼 서서히 줄어들거나 서서히 사라지는 모습을 taper off라고 표현할 수 있죠.

191

A The students each have their own story as to who's causing trouble in the classroom.
B If we interview each one carefully, I'm sure we'll be able to **root out** the problem.

A 누가 학급에서 문제를 일으키는지에 대해 학생마다 할 얘기가 있군요.
B 한 명씩 주의 깊게 상담을 하면 문제를 뿌리 뽑을 수 있을 거라 확신합니다.

> **SITUATION** 근절한다고 할 때
>
> **Okay** We have to go deeper and eradicate the problem.
> **구동사** We have to go deeper and **root out** the problem.

root out은 근절한다는 뜻입니다. 우리말 '근절'도 뿌리 근(根) 자를 쓰듯이, root out은 말 그대로 뿌리째 없애는 것을 일컫습니다.

192

A The tourist season is **winding down**, so the towns are becoming quieter.
B It's the perfect time for us to reserve our trip, then!

A 관광 시즌이 마무리되어 가니 마을이 조용해졌어.
B 그럼 우리가 여행을 예약하기에 딱 좋은 때가 되었군.

> **SITUATION** 어떤 기간이 마무리된다고 할 때
>
> **Okay** Summer is ending. I don't want to go back to school.
> **구동사** Summer is **winding down**. I don't want to go back to school.

wind는 실이나 필름 등을 감는다는 뜻입니다. 감아 올리거나 돌리는 행동을 표현하는데, 감아 버린다는 의미가 어떤 일을 마무리한다는 의미로 확대되었죠. 그래서 wind up, wind down 모두 어떤 일을 끝낸다는 뜻을 지니게 되었습니다. 특히 wind down은 일을 급격히 끝내는 것이 아니라 서서히 마무리한다는 의미를 지닙니다. 목적어를 취할 수도 있고, 위 예문 Summer is winding down.처럼 자동사로 쓰여 어떤 것이 마무리되어 간다는 뜻을 표현하기도 합니다.

원인, 결과

193

A I want to be a celebrity, but no one seems to realize my talent.
B In the entertainment industry, your success **hinges on** the people you know.

A 유명 연예인이 되고 싶은데, 아무도 내 재능을 알아봐 주지 않는 것 같아.
B 연예 산업에서는 어떤 사람을 알고 있느냐에 따라 성공이 결정돼.

> **SITUATION** ~에 의해 좌우된다고 할 때
> **Okay** Your inner confidence determines success.
> **구동사** Success **hinges on** your inner confidence.

'~에 의존한다', '~에 달려있다'고 할 때 depend on이나 rely on과 같은 표현이 익숙하죠. 비슷한 표현으로 hinge on도 있습니다. hinge는 문의 경첩을 일컫는데요, 문이 경첩에 매달려 있듯 '중요한 변수가 ~에 달려 있다'라고 할 때 hinge on을 활용할 수 있습니다.

194

A Even though you're not religious, you seem to care a lot about humanitarianism.
B Compassion doesn't **stem from** religion but rather a person's heart.

A 종교가 없는데도 너는 인도주의에 신경을 많이 쓰는 것 같아.
B 동정심은 종교에서 오는 게 아니라 사람의 마음에서 생기는 거야.

> **SITUATION** ~로 부터 기인한다고 할 때
> **Okay** Science comes from math.
> **구동사** Science **stems from** math.

stem은 식물의 줄기를 말합니다. '줄기세포'를 뜻하는 stem cell이라는 표현이 익숙하죠. 줄기에

서 가지가 자라나듯 어떤 일이 ~로 부터 기인한다고 할 때 stem from이라고 말할 수 있습니다. 기원이나 근원을 말할 때 유용한 표현입니다.

195

A She was so awkward as a child, but now she's become a ballerina.
B All of her training over the years has helped her **bloom into** a wonderful dancer.

A 어릴 때는 아주 어색해 보였는데, 지금은 발레리나가 되었네.
B 몇 년간 열심히 연습한 게 훌륭한 댄서라는 결실을 맺는 데 도움이 되었어.

SITUATION ~라는 성과를 가져온다고 할 때

- Okay Years of training helped her become a wonderful dancer.
- 구동사 Years of training helped her **bloom into** a wonderful dancer.

bloom은 꽃이 핀다는 뜻이죠. 꽃이 피어나는 것처럼 어떤 결실을 맺는다고 할 때 bloom into를 활용할 수 있습니다. into 다음에 결실에 해당하는 말을 넣으면 되죠.

QUICK QUIZ 4

*우리말을 영어로 옮길 때 빈 칸에 들어갈 가장 적당한 표현을 고르세요.

1 슬픈 작별 인사를 나눈 후 나는 눈물을 참으려 애썼다.

After the sad goodbye, I tried to fight _____ the tears.

① up ② down
③ back ④ in

2 존은 자신의 옷을 강아지가 물어 뜯고 있는 모습을 보고 기겁을 했다.

John freaked _____ when he saw his dog ripping apart his clothes.

① up ② out
③ down ④ in

3 원하는 대학에 불합격했다는 소식을 듣고 제인은 감정에 복받쳐 울음을 터뜨렸다.

Jane _____ down and cried at the news that she was not accepted by the university she wanted to go to.

① broke ② brought
③ caught ④ went

4 나이가 들수록 의존할 수 있는 돈이 필요하다.

As you get older, you need money to _____ back on.

① fall ② rise
③ go ④ come

5 그 행사는 정각 2시에 시작할 예정이다.

The event will ____ off at two o'clock sharp.
① kick   ② cut
③ start   ④ make

6 명함에 자기 사진을 넣는 아이디어가 한국에서는 유행하지 못했다.

The idea of adding your photo to your business card never really ____ on in Korea.
① caught   ② brought
③ popularized   ④ got

7 한국은행은 내년 경제 성장률을 낮춰 잡았다.

The Bank of Korea ____ back its growth forecast for the next year.
① lowered   ② scaled
③ floored   ④ forecast

해 설

1. 나오는 눈물을 다시 뒤로(back) 집어 넣는다는 뜻이므로 back이 가장 적당합니다.

2. freak out은 뭔가를 두려워 하거나 뭔가에 과민하게 반응하는 모습을 가리킵니다.

3. 길에서 자동차가 고장나는 것을 break down이라고 하지만 감정적으로 주체하기 힘든 상태가 되는 것을 표현하기도 합니다.

4. depend on이나 rely on과 비슷하게 어떤 것에 의존한다고 할 때 쓰는 구동사가 fall back on입니다.

5. 운동 경기나 행사가 시작하는 것을 kick off라고 말합니다.

6. catch on은 어떤 것이 유행이 되거나 반향을 불러일으킨다는 뜻입니다.

7. scale이 눈금이나 규모를 뜻하므로 scale back은 규모를 줄이거나 뭔가를 약화시킨다는 말이 됩니다.

정 답

1③ 2② 3① 4② 5① 6① 7②

QUICK QUIZ 4

행동

중단, 계속

이동, 움직임

저항, 극복

무시, 취소

휴식

선택

Quick Quiz 5

중단, 계속

196

A My kids keep playing pranks on each other, and I'm concerned about their safety.
B Tell them to **knock off** the behavior, and punish them if they keep it up.

A 아이들끼리 서로 장난을 치는데 안전이 걱정 돼.
B 그만 두라고 하고, 만일 계속 그러면 혼내 줘.

> **SITUATION** 어떤 일을 중단한다고 할 때
> **Okay** You have to tell your child to stop the behavior.
> **구동사** You have to tell your child to **knock off** the behavior.

knock off는 일을 그만둔다는 뜻입니다. Knock it off!라고 말하면 '집어 치워'라는 뜻이 되죠. 상대방이 짜증나는 행동을 계속할 때 할 수 있는 말입니다.

197

A I always tell my cousins to **cut it out** when they start fighting, but they don't listen.
B If that doesn't work, maybe you should ask their parents to intervene.

A 사촌들끼리 싸우면 항상 그만 두라고 하는데, 말을 통 듣지를 않네.
B 말을 안 들으면 사촌들 부모님한테 개입하라고 부탁해야 할 거야.

> **SITUATION** 어떤 일을 그만두라고 할 때
> **Okay** My mom told us to stop when my brother and I started fighting.
> **구동사** My mom told us to **cut it out** when my brother and I started fighting.

cut it out도 knock it off와 비슷하게 '집어 치워'라는 뜻으로 쓰입니다. cut을 활용하여 거기서 그만 자르라는 의미를 표현하는 셈이죠.

198

A Is it okay to call it a day and resume our meeting tomorrow?
B No problem. Tomorrow we can **pick up** where we **left off** today.

A 오늘은 이만 하고 내일 다시 회의해도 될까요?
B 상관 없어요. 내일 이어서 얘기하면 되니까요.

> **SITUATION** 중단했던 일을 재개한다고 할 때
> `Okay` Let's resume where we ended.
> `구동사` Let's **pick up** where we **left off**.

leave off는 일을 중단한다는 뜻입니다. 상대방과의 대화가 중단되었을 때 '어디까지 얘기했죠? 하던 이야기 마저 합시다'라고 말할 수 있는데, 하던 이야기를 마저 한다는 말을 pick up where I left off와 같이 표현합니다. 중단되었던 곳에서 다시 시작한다는 뜻이죠. pick up과 leave off를 함께 기억해 두기 바랍니다.

중단, 계속

199

A Why did she see a fortune teller when she's not supposed to?
B Maybe she's in such an urgent situation that she wants to **cast aside** her religion and get an answer.

A 그녀가 왜 점장이를 찾아갔대? 그러면 안 되는 거 아닌가.
B 워낙 급박한 상황에 처해서 잠시 종교를 접어 두고 답을 찾고 싶었나 봐.

> **SITUATION** 어떤 것을 무시한다고 할 때
> `Okay` Why don't you just discard your doubts and have fun?
> `구동사` Why don't you just **cast aside** your doubts and have fun?

cast aside는 직역하면 옆으로 던져 버린다는 뜻이죠. 어떤 것이 별로 중요하지 않다고 생각하고 치워버린다고 할 때 쓸 수 있는 구동사입니다. cast aside one's worries/fears처럼 걱정이나 두려움을 떨친다는 뜻으로 활용할 수도 있죠.

200

A What did the senator do when his peers refused to endorse him for the presidential candidate?
B He **broke away** from the political party and established his own.

A 동료들이 자신을 대통령 후보로 밀어주지 않는데 그 상원의원은 어떻게 했어?
B 탈당하고 스스로 당을 차렸어.

> **SITUATION** 탈당한다고 할 때
> `Okay` The senator left the political party.
> `구동사` The senator **broke away** from the political party.

break away는 어떤 조직에서 탈퇴한다는 말입니다. 특히 정당을 떠나는 '탈당'을 표현할 때 유용하죠.

201

A The movie's over, so why are you still seated?
B I always **stick around** until the end of the credits, in case something interesting happens.

A 영화 끝났는데 왜 아직 앉아 있어?
B 혹시 뭐 재미있는 거 나오나 해서 엔딩 크레딧이 끝날 때까지 남아 있어.

> **SITUATION** 있던 자리에 계속 있는다고 할 때
>
> **Okay** I always stay in the movie theater until the end of the credits.
>
> **구동사** I always **stick around** in the movie theater until the end of the credits.

stick around는 있던 자리에 계속 있는다는 뜻입니다. 붙는다는 뜻을 지닌 stick과 주변을 의미하는 around가 합해진 구동사죠. 예를 들어 퇴근 안하냐는 직장 동료의 물음에 좀 더 있을 거라고 답할 때, 또는 좀 더 있다가 다른 장소로 이동할 거라고 말할 때 모두 I'll stick around a little more. 라고 얘기할 수 있습니다.

이동, 움직임

202

A I thought you were only out for some fresh air, but you're soaking wet.
B I was crossing a stream when I suddenly **tripped over** a stone and fell in.

A 난 네가 바람 쐬러 잠깐 나간 줄 알았는데 완전히 젖어서 왔네.
B 개천을 건너다가 돌에 걸려 넘어져서 빠졌어.

> **SITUATION** 뭔가에 걸려 넘어진다고 할 때
> **Okay** Move everything out of the way, or you will stumble on it.
> **구동사** Move everything out of the way, or you will **trip over** it.

trip은 여행을 뜻하지만 동사로 '걸려 넘어지다'라는 의미도 지닙니다. 보통 over와 함께 활용하여 trip over라고 하면 튀어나와 있는 어떤 물체에 걸려 넘어진다는 말이 되죠.

203

A How did the airplane catch fire so quickly?
B It **veered off** the runway as soon as it landed and crashed into a structure.

A 어떻게 그렇게 비행기에 불이 쉽게 붙었지?
B 착륙하자마자 활주로에서 벗어나고 구조물에 부딪혔대.

> **SITUATION** 길에서 벗어난다고 할 때
> **Okay** The airplane sharply steered away from the runway.
> **구동사** The airplane **veered off** the runway.

veer는 갑자기 방향을 바꾼다는 뜻입니다. 주로 veer off의 형태로 쓰이는데, 차량이 가던 길에서

벗어나거나 미끄러지는 모양을 묘사합니다.

204

A How did you manage to collect so many donations in one day?
B I **rounded up** a group of volunteers and scattered them across the city.

A 하루만에 어떻게 그렇게 많은 후원금을 모을 수 있었어요?
B 자원봉사자들을 많이 모집해서, 도시 여기저기로 흩어지라고 했지.

> **SITUATION** 사람들을 모은다고 할 때
> `Okay` We need to mobilize more volunteers.
> `구동사` We need to **round up** more volunteers.

round up은 사람들을 모집하거나 모은다는 뜻입니다. 여기저기를 순회하면서(round) 사람들을 모으는 모습을 연상하면 이해가 쉽죠.

Also good to know

The truck hit our car with such force that we flipped over.
트럭이 우리 차를 아주 세게 들이받아서 우리 차는 뒤집어졌어.

flip은 보통 종이처럼 납작한 물건을 뒤집는 것을 말합니다. over를 붙여 flip over라고 하면 뒤집힌다는 말이 되죠. SUV 차량의 roll over와 관련된 뉴스가 많이 나왔는데요, 이 때 roll over는 차량이 전복되거나 전복되어 구르는(roll) 것을 말합니다.

이동, 움직임

205

A Why didn't you defend yourself against the bullies?
B They were **ganging up on** me and there was no one around to save me.

A 괴롭히는 애들로부터 왜 자신을 방어하지 못한 거야?
B 떼지어 덤비는데 주변에 아무도 도와줄 사람이 없었어.

SITUATION 사람들이 뭉친다고 할 때

`Okay` Her classmates unites against her because she is the smartest.
`구동사` Her classmates keep **ganging up on** her because she is the smartest.

gang은 범죄조직이나 패거리를 말하죠. 그런 패거리처럼 사람들이 모이는 것을 gang up이라고 표현할 수 있습니다. gang이 부정적인 단어이므로 주로 안 좋은 목적으로 뭉친다는 어감을 지닙니다.

206

A Do you think I look fat in this new dress shirt I purchased at the mall?
B Your stomach **sticks out** a bit, so I'd say you should exchange it for a larger size.

A 쇼핑센터에서 산 옷인데 이거 입으면 나 좀 뚱뚱해 보여?
B 배가 좀 튀어 나온 편이니까 더 큰 사이즈로 바꾸는 게 좋겠어.

SITUATION 튀어나오게 만든다고 할 때

`Okay` The child mockingly showed me his tongue.
`구동사` The child **stuck** his tongue **out** at me.

stick out은 뭔가를 밖으로 내민다는 의미입니다. 혀를 내밀거나 창문 밖으로 머리를 내미는 경우 모두 stick out이라고 할 수 있죠. stick의 기본 뜻으로 어디에 붙어 있거나 고정되어 있다는 의미를 생각하기 때문에 밖으로 내민다는 의미와 연결짓기가 힘들고, 그래서 혀를 내민다는 말을 영어로 표현하기가 생각보다 어렵습니다. stick에는 막대기로(스틱, stick) 찌르는 것처럼 찔러 넣는다는 의미가 있으므로 out을 붙여 마치 찌르듯이 밖으로 돌출시킨다는 의미를 표현할 수 있습니다.

207

A What happened when you explained that you had found another girl?
B She suddenly **stormed out** the room, saying she never wanted to see me again.

A 다른 여자가 생겼다고 얘기하고는 어떻게 됐어?
B 나를 다시는 안 볼 거라면서 그녀가 방에서 뛰쳐 나갔어.

SITUATION 어떤 장소에서 갑자기 빠져 나간다고 할 때
- Okay — She suddenly exited the room.
- 구동사 — She suddenly **stormed out** the room.

어떤 장소에 갑자기 들이닥치는 경우 storm in이라고 할 수 있습니다. 어떤 장소에 들어간다고 말할 때 get in이 기본 표현인데, 마치 폭풍우가 몰아치듯 들이닥친다는 뜻이라면 storm을 활용할 수 있죠. 같은 방식으로 storm out은 갑자기 빠져나간다는 말이 됩니다.

이동, 움직임

208

A I have to **rush off** to another meeting now, but I'll contact you as soon as it's over.
B Take your time. We'll have plenty of chances to discuss this later.

A 다른 회의가 있어서 급히 가 봐야 되는데, 끝나는 대로 연락 드리겠습니다.
B 천천히 연락 주셔도 돼요. 나중에 얘기할 기회가 많이 있습니다.

> **SITUATION** 갑자기 빠져 나간다고 할 때
> **Okay** I have to quickly leave for another meeting now.
> **구동사** I have to **rush off** to another meeting now.

off는 사라지는 모양을 표현합니다. 어떻게 사라지는지는 off 앞에 붙이는 동사로 표현할 수 있죠. 뒤이어 설명하겠지만 몰래 사라진다면 sneak off, 자동차를 타고 사라진다면 drive off라고 할 수 있고, 급히 사라지는 경우 rush off라고 하면 됩니다. 이와 같은 기본 원칙만 익히면 off 앞에 다양한 동사를 놓아 구동사를 만들 수 있죠. 예를 들어 skid는 차가 미끄러진다는 뜻이므로 skid off the runway는 활주로에서 비행기가 미끄러져 활주로를 이탈한다는 말이 됩니다. dash도 황급히 이동하는 모습을 표현하므로 dash off라고 해도 급히 사라진다는 뜻이 되죠.

209

A Where do you think she **sneaks off** to late at night?
B Probably to meet the boyfriend her parents want her to break up with.

A 걔 밤 늦게 몰래 어디 가는 것 같아?
B 아마 부모님이 헤어지라고 하는 남자친구 만나러 가나 봐.

> **SITUATION** 몰래 사라진다고 할 때
> **Okay** I want to know where she secretly goes every night.
> **구동사** I want to know where she **sneaks off** to every night.

sneak은 살금살금 이동하는 모습을 표현합니다. 소멸을 표현하는 away나 off를 활용하여 sneak off, sneak away라고 하면 몰래 빠져나가거나 사라진다는 말이 되죠.

210

A I can't find my wallet, but I know it was in my back pocket when we were on the bus.
B Are you sure it didn't **slip out** when you were squeezing out of the crowd?

A 내 지갑이 없네. 버스 탔을 때는 뒷주머니에 있었는데.
B 만원버스에서 나올 때 빠진 거 아니야?

SITUATION 몰래 사라진다고 할 때
- Okay: John quietly exited the conference.
- 구동사: John **slipped away** from the conference.

밖으로 나간다고 할 때 step out이나 get out이 기본 표현인데, slip을 활용하여 slip out이라고 하면 마치 미끄러지듯(slip) 슬쩍 사라진다는 말이 됩니다. 소멸을 의미하는 away를 붙여 slip away라고 해도 좋습니다.

저항, 극복

211

A The government has been enacting policies to **stave off** inflation since last year.
B That's funny, because prices have only continued to increase, from what I can see.

A 정부가 작년부터 인플레를 막기 위해 여러 정책을 펼치고 있어.
B 그거 이상하네. 내가 보기에는 물가가 계속 오르고 있거든.

> **SITUATION** 안 좋은 일이 일어나는 것을 막는다고 할 때
> **Okay** The government tries to prevent terrorism.
> **구동사** The government tries to **stave off** terrorism.

off는 소멸뿐 아니라 분리나 이탈, 즉 떨어진 곳에 위치하는 것을 표현하기도 하죠. 그래서 fight off라고 하면 물리친다는 뜻이 되는데, 동사 fight자리에 다른 단어를 넣어 다양한 어감을 표현할 수 있습니다. 특히 인플레이션을 막는다고 할 때 stave off나 fend off와 같은 표현을 씁니다.

212

A He doesn't look tough. I can **take him on**.
B Be careful. He is stronger than he looks.

A 별로 그렇게 강해 보이지 않는데, 내가 상대할 수 있을 것 같아.
B 조심해. 보기보다 강하다고.

> **SITUATION** 맞선다고 할 때
> **Okay** They were not able to compete against the opponent's best players.
> **구동사** They were not able to **take on** the opponent's best players.

take on은 상대에게 맞선다는 뜻입니다. 스포츠 경기에서 맞서는 것을 일컫기도 하고, 실제 격투

와 같은 대결을 말하기도 합니다.

213

A I'm trying to **fight off** this cold, but it's only getting worse.
B Maybe you should stop working for a while. Stress doesn't help, you know.

A 감기를 좀 이겨 보려고 노력하는데, 계속 나빠지기만 하네.
B 당분간 일을 쉬는 게 좋을 것 같아. 스트레스는 도움이 안 되잖아.

> **SITUATION** 싸워서 물리친다고 할 때
> **Okay** I'm trying to cure myself of this cold.
> **구동사** I'm trying to **fight off** this cold.

앞서 fend off에서 설명한 것처럼 어떤 것을 싸워 물리친다고 할 때 fight off라고 할 수 있습니다. 특히 병을 이겨 내는 경우, 극복한다는 뜻을 지닌 get over 대신 쓸 수 있는 구동사입니다.

저항, 극복

214 ....

A I couldn't stay for it, but how did the story end in that movie?
B The superheroes **beat off** the villains with their superpowers, and the world was saved.

A 끝까지 안 있었는데, 그 영화 어떻게 끝났어?
B 수퍼히어로들이 악당을 물리치고 지구를 구했어.

> **SITUATION** 물리친다고 할 때
>
> **Okay** The superheroes repelled the villains in the movie.
> **구동사** The superheroes **beat off** the villains in the movie.

beat off도 fight off와 비슷한 의미라고 생각하면 됩니다. beat는 '때리다'라는 뜻에서 나아가 '승리하다'라는 의미도 지니므로, 어떤 것을 물리친다고 할 때 beat off라고 표현할 수 있습니다.

215 ....

A My supervisor refused to promote me, so I'm going to have to **stand up against** him.
B Be careful, though, because the strong usually win battles against the weak.

A 내 책임자가 나를 승진시켜 주지 않으려고 하는데, 맞서서 따져야겠어.
B 그래도 조심해. 강자가 약자에게 이기는 법이라고.

> **SITUATION** 맞선다고 할 때
>
> **Okay** I have the courage to defy the dictatorship.
> **구동사** I have the courage to **stand up against** the dictatorship.

stand up은 일어선다는 뜻이죠. 어떤 것에 대해 저항한다고 할 때 '들고 일어난다'라고 말하는데, 영어의 발상도 동일합니다. 그래서 stand up against는 어떤 것에 맞서 저항한다는 의미가 됩니다. 반면에 stand up for는 어떤 것을 위해(for) 일어난다는 의미이므로, 지지하거나 방어한다는 말이 됩니다.

216

A Who do you think is going to win in this year's World Cup?
B Germany and Brazil will probably **face off** in the finals, and I think Germany will win.

A 이번 월드컵에서 누가 이길 것 같아?
B 독일과 브라질이 결승에서 맞붙고 독일이 이길 것 같아.

SITUATION 두 팀이 대결을 벌인다고 할 때
- Okay: The two countries will confront each other in the tournament.
- 구동사: The two countries will **face off** in the tournament.

face off는 두 선수나 두 팀이 서로 맞붙는다는 뜻입니다. 주로 스포츠에서 쓰이지만 예를 들어 정치에서 두 후보가 토론을 벌인다고 할 때도 등장하는 구동사죠. 예를 들어 The two candidates will face off in the debate tonight.라고 하면 두 후보가 오늘 토론을 벌일 예정이라는 뜻입니다.

무시, 취소

217

A Did you make this change to the text?
B Yes, I **crossed out** that word because it seemed too advanced for an elementary student.

A 자네가 텍스트를 이렇게 바꿨나?
B 네. 초등학생에게는 너무 어려운 단어인 것 같아서 지웠습니다.

> **SITUATION** 삭제한다고 할 때
> **Okay** I deleted everything on my to-do list today.
> **구동사** I **crossed out** everything on my to-do list today.

cross out은 말 그대로 x 표를(cross) 쳐서 없앤다는(out) 뜻입니다. 어떤 것을 지워 버리거나 무시한다고 할 때 쓸 수 있는 구동사죠.

218

A Why do we have the same kinds of accidents over and over?
B It's because we tend to **play down** the danger and fail to follow the manual.

A 왜 우리는 비슷한 사고를 반복해서 겪는 걸까?
B 위험을 과소평가하고 매뉴얼대로 하지 않기 때문이지.

> **SITUATION** 무시한다고 할 때
> **Okay** Don't underestimate the danger of hacking.
> **구동사** Don't **play down** the danger of hacking.

play down은 어떤 것을 애써 중요하지 않게 보이도록 만든다는 뜻입니다. 한 단어로 downplay 라고 할 수도 있죠.

219

A His insults really hurt me, and now I feel insecure about myself.
B He says bad things about people all the time, so just **brush it off**.

A 그가 한 모욕적인 말이 정말 상처가 됐고, 나에 대해 자신이 없어졌어.
B 그 사람 항상 남한테 험한 말 하고 다녀. 그냥 무시해.

> **SITUATION** 어떤 사람의 말을 무시한다고 할 때
> **Okay** I just disregard whatever he says.
> **구동사** I just **brush off** whatever he says.

brush가 솔을 의미하므로, 마치 솔로 먼지를 털어 버리듯 어떤 것을 무시하는 모습을 brush off라고 말할 수 있습니다. 특히 다른 사람이 한 말을 중요하지 않다 생각하고 무시한다는 뜻으로 잘 쓰입니다.

무시, 취소

220

A Why are you wearing sunglasses on a cloudy day?
B My surgeon instructed me to **stay away from** the sun for a while, so I wear them just in case.

A 흐린 날에 왜 선글라스를 끼고 다녀?
B 수술해 준 의사가 당분간 태양을 피하라고 해서 혹시 몰라 끼고 다니고 있어.

> **SITUATION** 어떤 것을 멀리한다고 할 때
> (Okay) My surgeon instructed me to avoid the sun.
> (구동사) My surgeon instructed me to **stay away from** the sun.

stay away from은 말 그대로 어떤 것에서 멀리 떨어져 있다는 표현인데요, 안 좋은 것을 멀리한다, 특히 안 좋은 음식을 멀리한다는 의미로 잘 쓰입니다. 비슷한 뜻을 지닌 표현에 steer clear of ~도 있죠. 역시 위험한 것을 멀리한다는 의미입니다.

221

A I explained to our manager my perspective on the issue, but she disregarded my comments.
B She really shouldn't **write off** so quickly the concerns her employees expressed.

A 그 문제에 대해 내 견해를 설명했는데, 매니저가 내 말을 무시했어.
B 아랫사람이 표명한 우려를 그렇게 빨리 무시하면 안 되지.

> **SITUATION** 무시한다고 할 때
> (Okay) Just disregard what she said. She doesn't know what she's talking about.
> (구동사) Just **write off** what she said. She doesn't know what she's talking about.

off가 소멸을 의미하므로, write off는 쓰여 있는 것을 지워 버린다는 말이 됩니다. ignore와 같은 의미로 쓰일 수도 있고, 특히 회계나 재무에서는 '상각'을 뜻합니다. 장부에서 해당 금액을 없애 버리는 것, 예를 들어 빚을 없애거나 자산을 가치가 없는 것으로 처리하는 것을 일컫죠.

222

A In my history class, it seemed like the teacher didn't want to talk about our war crimes.
B There will always be people who try to **gloss over** the shameful events in our own history.

A 역사 수업 시간에 선생님이 우리가 저지른 전쟁 범죄에 대해 말하고 싶지 않아 하더라고.
B 우리 역사 속의 부끄러운 사건들을 대충 넘어가려고 하는 사람들은 언제나 있을 거야.

> **SITUATION** 의도적으로 소홀히 다룬다고 할 때
> **Okay** They wanted to avoid talking about their shameful past.
> **구동사** They wanted to **gloss over** their shameful past.

gloss는 광택이 나는 반질반질한 표면을 말합니다. 그래서 gloss over는 어떤 것을 깊이 있게 다루지 않고 표면에만 신경을 쓴다는 뜻이 되죠. 특히 추한 본모습은 감추고 겉모습만 보여주려는 태도를 일컫는 말로 유용합니다.

휴식

223

A I'm on my way to the beach to **soak up** some rays.
B Be sure to use plenty of sunscreen, otherwise you'll regret it later.

A 햇볕 좀 쬐려고 해변으로 가는 중이야.
B 선크림을 많이 발라. 안 그러면 나중에 후회할 거야.

> **SITUATION** 햇볕을 쬔다고 할 때
> **Okay** I can't wait to go to Hawaii and sunbathe.
> **구동사** I can't wait to go to Hawaii and **soak up** the sun.

soak up은 어떤 것을 빨아들인다는 뜻입니다. 뒤에 rays를 쓰면 햇볕을 빨아들이다, 즉 볕을 쬔다는 뜻이 되죠.

224

A How did you spend your holiday after that hectic board meeting?
B I didn't want to do anything, so I stayed at home and **idled** the whole day **away**.

A 준비하느라 정신 없었던 이사회 끝나고 휴가에 뭐 했어?
B 아무 것도 하고 싶지 않아서 그냥 집에서 빈둥거렸어.

> **SITUATION** 빈둥대며 시간을 보낸다고 할 때
> **Okay** I stayed at home and did nothing the whole day.
> **구동사** I stayed at home and **idled** the whole day **away**.

idle은 게으르고 나태한 모습을 표현하는 형용사죠. 동사로는 자동차를 공회전한다는 뜻도 지닙니다. 구동사를 만드는 away는 점점 멀어지거나 사라져 가는 모습을 표현하기에 적합하므로, idle away라고 하면 나태한 모습으로 허송세월하는 모양을 말합니다.

225

A I'm anxious that we may not make it to our destination in time.
B There's nothing you can do about it, so just **sit back** and try to enjoy the ride.

A 목적지까지 제때 못 갈까봐 걱정이야.
B 네가 할 수 있는 일은 없으니까 그냥 편히 앉아서 드라이브를 즐기면 돼.

> **SITUATION** 편히 앉아 있는다고 할 때
> `Okay` Just relax and try to enjoy the ride.
> `구동사` Just **sit back** and try to enjoy the ride.

lie back이나 sit back은 말 그대로 뒤로 기대어 눕거나 앉아 있는 자세를 묘사합니다. 가장 편한 자세를 일컫기도 하지만, 비유적으로 아무것도 하지 않고 그냥 넋 놓고 있는 상태를 말하기도 하죠. 대책을 내놓지 못하고 보고만 있다고 할 때 sit back and just watch처럼 표현할 수 있습니다.

Now that you've retired, you should kick back and enjoy life.
이제 은퇴를 하셨으니 편히 인생을 즐기세요.

위에서 설명한 sit back 대신 kick back이라는 구동사를 쓰기도 합니다. sit back, lie back과 마찬가지로 kick back and relax처럼 relax와 함께 쓰이는 경우가 많습니다.

선택

226

A Why didn't you subscribe to a monthly plan for your mobile in the end?
B It was too expensive, so I **opted out of** the contract and went with prepaid, instead.

A 왜 매달 내는 휴대폰 요금제를 선택하지 않았어?
B 너무 비싸서 계약을 취소하고 대신 선불 요금제를 택하기로 했어.

> **SITUATION** 선택하지 않는다고 할 때
>
> **Okay** It was too expensive, so he chose not to be in the contract.
> **구동사** It was too expensive, so he **opted out of** the contract.

선택 가능한 변수를 옵션이라고 하죠. '옵션'은 option에서 온 외래어인데요, '선택하다'라는 뜻을 지닌 동사 opt의 명사형입니다. 어떤 것으로부터 빠져나오는 선택을 할 때 opt out of ~라고 말하죠. 반대말 opt in은 뭔가에 들어가는 선택을 한다는 뜻입니다. 예를 들어 헬스클럽에 등록했는데 할인된 가격에 PT(개인지도)도 받기로 했다는 말은 다음과 같이 표현할 수 있습니다. I signed up for a gym membership and opted in the discounted personal training sessions.

227

A I feel like I just met him. I don't want to **rush into** marriage.
B But you've been dating for 10 years!

A 아직 만난 지 얼마 안 된 것 같아. 서둘러 결혼하고 싶지 않아.
B 하지만 둘이 벌써 10년째 데이트를 하고 있잖아.

> **SITUATION** 서둘러 결정을 내린다고 할 때
>
> **Okay** I don't want to marry too quickly.
> **구동사** I don't want to **rush into** marriage.

rush가 서두르는 모습을 표현하므로 rush into는 직역하면 서둘러서 뭔가로 들어간다는 뜻인데, 서둘러 결정하거나 선택한다는 말이 됩니다. 특히 서둘러 결혼하는 것을 rush into marriage라고 말합니다.

228

A We really have to **narrow down** our options.
B I just don't know which ones to eliminate.

A 우리가 할 수 있는 선택의 폭을 좁혀야 해.
B 어떤 것을 없애야 할지 잘 모르겠어.

> **SITUATION** 가능성을 좁힌다고 할 때
> (Okay) You have to reduce the number of your options first.
> (구동사) You have to **narrow down** your options first.

narrow down은 어떤 일의 범위를 좁힌다는 뜻입니다. 구동사를 만드는 down은 여러 뜻을 지니는데요, 세분하거나 자세해진다는 뜻도 있습니다. 상위개념에서 하위개념으로 내려갈수록 (down) 더 자세해지는 것을 생각하면 이해가 쉽죠. 그래서 break down은 카테고리를 자세히 나눈다는 뜻이 되고, narrow down은 범위를 좁혀 나간다는 말이 됩니다.

QUICK QUIZ 5

*우리말을 영어로 옮길 때 빈 칸에 들어갈 가장 적당한 표현을 고르세요.

1 어디까지 얘기했었지? 하던 얘기 계속 하자.

Where were we? Let's _____ up where we left off.

① pick ② choose
③ do ④ say

2 저는 좀 더 있을 예정이에요. 그럼 내일 봬요.

I'll _____ around a little more. See you tomorrow.

① exist ② leave
③ stick ④ move

3 어린 아이가 나한테 혀를 내밀었다.

A child _____ out his tongue at me.

① moved ② carried
③ ran ④ stuck

4 정부가 인플레이션을 막기 위한 정책을 발표하는 게 세 번째다.

The government has announced its plan to stave _____ inflation for the third time.

① in ② down
③ up ④ off

5 나는 그 사람이 하는 말은 그냥 무시한다.

I simply brush ____ what he says.

① off ② on
③ up ④ down

6 대표이사는 자신의 최근 실수를 대충 얼버무리고 넘어갔다.

The CEO glossed ____ his recent mistakes.

① off ② over
③ up ④ down

7 대학 전공을 선택하려면 관심 분야를 좁히는 일부터 해야 한다.

What you should do first when choosing your major in college is ____ down your interests.

① close ② narrow
③ split ④ size

해 설

1. 얘기하다 그만 둔 지점에서 다시 얘기를 재개한다고 할 때 pick up where we left off와 같이 말합니다.

2. 지금 위치에 계속 있겠다고 할 때 stick around라고 합니다.

3. stick은 2번 문제처럼 어디에 붙어 있는다는 뜻 이외에 막대기 같은 것으로 찌른다는 뜻도 지니죠. 그래서 stick out one's tongue이라고 하면 혀를 내민다는 말이 됩니다.

4. 뭔가를 막아 낸다고 할 때 기본 표현이 fight off이고, fight 대신 다양한 동사를 활용하여 표현할 수 있습니다. stave off도 한 예입니다.

5. 마치 솔로 먼지를 털어 내듯 타인의 의견을 무시해 버리는 모습을 brush off라고 표현할 수 있습니다.

6. gloss over는 자신에게 불리한 사실을 왜곡하거나 은폐하는 것을 말합니다.

7. 범위를 좁혀 나간다고 할 때 narrow down이라고 합니다.

정 답

1① 2③ 3④ 4④ 5① 6② 7②

QUICK QUIZ 5